LIBERTAD

(Intermediate version)

by

Rita Barrett

Edited by

Carol Gaab

Photo Credits:

Meredith White, Elizabeth Colado,
Reynaldo Gonzalez & Scott Cowitt

ISBN: 978-1-945956-76-8

Fluency Matters, P.O. Box 11624, Chandler, AZ 85248

info@FluencyMatters.com • FluencyMatters.com

Acknowledgements

I have discovered that it takes a village to write a book and I want to say "gracias" to all those who helped make this one a reality:

My students, who gave me a reason to write;

Kade who said, "Profe, you have to write this book!";

Annemarie, Sammy and Kenia for their valuable input;

Scott Cowitt and Reynaldo González for sharing their photos;

Carol Gaab for her insightful and encouraging editing;

and especially to Dionisio, who not only has shared his story for this book, but who year after year shares his language, his culture and his love for young people with my classes.

¡Mil gracias!

Índice

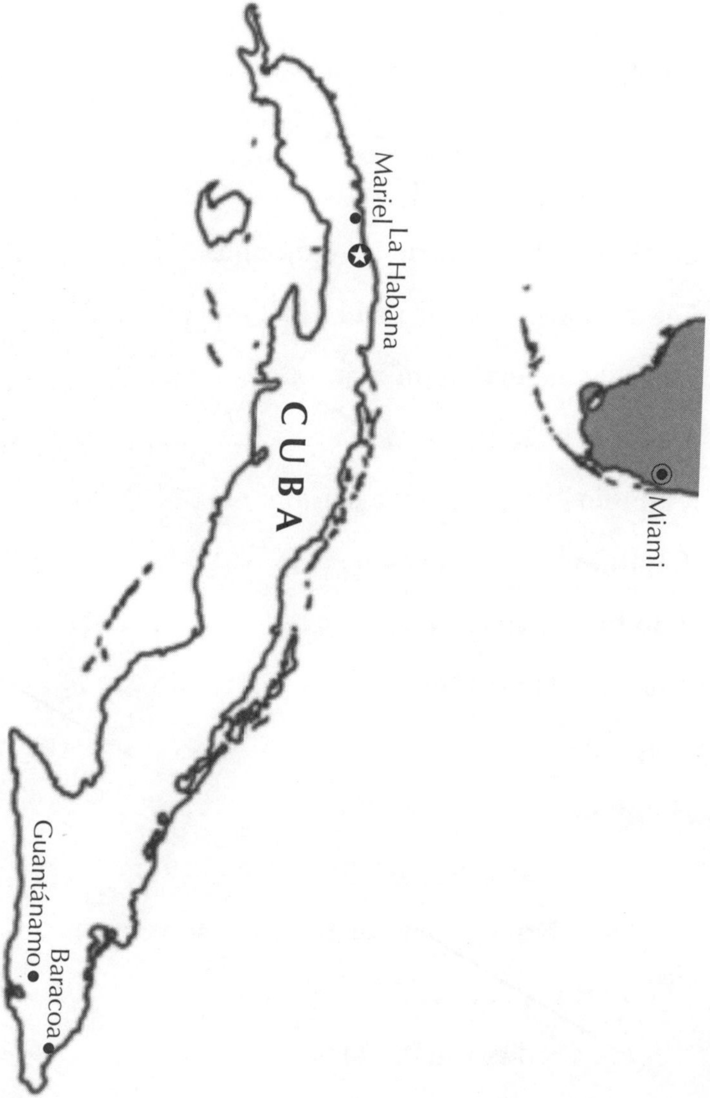

Mariel
La Habana
CUBA
Miami
Guantánamo
Baracoa

Prólogo
Cuba

Soldados de Fulgencio Batista asesinan a un revolucionario, 1956

En 1952 (mil novecientos cincuenta y dos), Fulgencio Batista –un expresidente– tomó el control de Cuba por un golpe militar[1]. Tenía el título de 'presidente' otra vez, pero en realidad, Batista era un dictador brutal que usaba tácticas terroristas para mantener el control de Cuba. Además, Batista estableció relaciones con cubanos ricos y con políticos de Estados Unidos, y permitió que Estados Unidos controlara la economía y la industria del azúcar.

[1]*golpe militar - military coup*

Fulgencio Batista

Para muchos de los cubanos que vivían en las ciudades, la vida era buena durante la dictadura de Batista. Tenían trabajo, comida, casas, escuelas y hospitales. Estados Unidos compraba el azúcar de Cuba y turistas estadounidenses visitaban los casinos y las playas de Cuba. Los dólares estadounidenses ayudaban mucho a la economía cubana.

Pero para muchos cubanos que vivían en áreas rurales, la vida no era buena. Los dólares estadounidenses no llegaban a las áreas remotas. Muchos cubanos en las comunidades rurales no tenían trabajo. No tenían suficiente comida y vivían en casas miserables. No había escuelas ni hospitales para los más pobres. Durante la dictadura de Batista, había mucha corrupción y racismo en Cuba. Muchas personas se oponían a Batista, pero él mantenía el control.

En 1953 (mil novecientos cincuenta y tres), un hombre llamado Fidel Castro organizó una rebelión. Con su hermano Raúl y ciento veinte hombres, Fidel atacó la fuerza militar de Batista. El ataque fue el comienzo de la Revolución cubana.

Durante la Revolución, Castro vivió en las montañas de la Sierra Maestra donde observó la miseria de la gente pobre. Castro observó la diferencia entre los ricos de La Habana y los pobres de las montañas. Quería justicia para la gente pobre que vivía en áreas rurales.

En 1959 (mil novecientos cincuenta y nueve), Castro celebró la victoria de la Revolución y Batista salió de Cuba. En la opinión de muchos cubanos, Castro –o 'Fidel', como lo llamaban los cubanos– era un héroe que tenía la solución a todos los problemas de Cuba. Adora-

Fidel Castro

ban a Castro, porque él era amigo de los pobres y de las personas que tenían dificultades.

Pero no todos los cubanos tenían una buena opinión de Fidel. En la opinión de muchos, Castro era controlador y opresivo. Controlaba todo en la isla: la política, la economía, las escuelas, la comunicación y la religión. Aprisionaba a la gente que estaba en contra de su ideología. Por eso, para muchos cubanos, Castro era otro dictador brutal como Batista.

Miles de cubanos escaparon de Cuba inmediatamente después de la Revolución. Muchos se fueron a vivir a Miami, Florida. Los cubanos querían a su país y tenían la intención de regresar en el futuro... cuando Castro ya no controlara la isla.

Izquierda a derecha: Fidel Castro, Osvaldo Dorticós Torrado, Che Guevara, y otros revolucionarios marchan en La Habana en 1960

Todavía había mucha gente pobre, así que Castro insistió en que la Revolución continuara para resolver los problemas de Cuba. La solución de Castro a las injusticias fue el comunismo, pero el comunismo estaba en contra de la ideología de Estados Unidos. El gobierno estadounidense quería combatir el comunismo y, en 1960 (mil novecientos sesenta), Estados Unidos comenzó un embargo contra Cuba. Los cubanos ya no podían comprar productos de Estados Unidos y los estadounidenses ya no podían comprar productos de Cuba. Además, los turistas estadounidenses ya no podían visitar los casinos ni las playas de Cuba. El embargo fue un desastre para la economía cubana.

Un avión estadounidense vuela sobre un barco soviético en 1962.

Estados Unidos esperaba combatir el comunismo con el embargo, pero la Unión Soviética quería preservar el comunismo en Cuba. Le ofreció ayuda militar y también comenzó a comprar azúcar de Cuba. Barcos soviéticos llegaban a Cuba con petróleo, medicinas, comida y materiales industriales. El comunismo de Cuba no se colapsó. Al contrario, Castro tomó el control completo de la isla.

Castro ya no les permitía a los cubanos salir de la isla. Los cubanos que no habían salido inmediatamente después de la Revolución estaban atrapados en la isla.

Capítulo 1
Mariel

20 de abril de 1980

La Habana, Cuba

– ¡Dionisio! –un amigo gritó mi nombre–. ¡Fidel[1] dice que todos los que quieran salir de Cuba pueden irse de la isla! Hay barcos estadounidenses en el puerto de Mariel[2]. ¡Fidel permite que nos vayamos a Estados Unidos!

[1]*Fidel - Cubans refer to Fidel Castro by his first name, Fidel.*

[2]*puerto de Mariel - Port of Mariel, about 25 miles west of Havana*

– ¡¿En serio?! –le respondí–. ¿Fidel permite que la gente se vaya[3] de Cuba?

Durante toda mi vida, Fidel permitió que muy poca gente saliera de Cuba. ¡Era casi imposible escapar! Ahora Fidel había decidido que la gente cubana sí podía irse de la isla.

Yo tenía veinte años y estaba frustrado con mi vida en Cuba. Quería mucho a mi familia y me encantaban las montañas y las playas de Cuba, pero no me gustaba vivir en una dictadura controladora y opresiva. ¡La opresión era intolerable! Quería más oportunidades; quería libertad.

Yo no era el único que quería libertad. Tres semanas antes, varias personas habían ido a la embajada[4] de Perú buscando permiso para salir de Cuba. Cuando Perú dijo que quería ayudar a los cubanos, más gente fue a la embajada. Después de pocos días, ¡había más de 10.800 (diez mil ochocientas) personas en la embajada! Eso causó una crisis política. Para resolver la crisis, Fidel declaró que la gente podía salir del país.

Florida estaba a solo ciento cuarenta y cinco kilómetros de Cuba y era posible navegar de Cuba a Florida

[3]*que la gente se vaya - that the people leave*

[4]*embajada - embassy*

en un día. Como Fidel estaba permitiendo que los cubanos salieran de la isla, muchos cubanos que vivían en Florida fueron en sus barcos al puerto de Mariel para buscar a sus familiares y amigos.

Yo vivía con mis padres en La Habana, la capital de Cuba, que estaba a una hora del puerto de Mariel. Quería ir al puerto para ver si realmente había barcos estadounidenses. ¿Podría encontrar un barco que me llevara a Estados Unidos?

Miles de cubanos estaban saliendo de Cuba para buscar una nueva vida en Estados Unidos. Yo también quería buscar una nueva vida. Pero tenía miedo porque sabía que en Cuba, era peligroso buscar la libertad.

Refugiados en el puerto de Mariel

Capítulo 2
¡Gusanos!

1º de mayo de 1980

La Plaza de la Revolución en La Habana, Cuba

– ¡Fidel, amigo, el pueblo está contigo[1]! ¡Fidel, amigo, el pueblo está contigo! –gritaban miles de personas en la plaza.

– Quien no tenga genes revolucionarios, quien no tenga sangre[2] revolucionaria... ¡NO LO QUEREMOS, NO LO NECESITAMOS! –declaró Fidel con furia.

– ¡Que se vayan[3]! ¡Que se vayan los 'gusanos[4]'! –respondió la multitud.

Fidel le habló apasionadamente a la multitud en la plaza. Como siempre, continuó hablando durante horas.

[1]*¡Fidel, amigo, el pueblo está contigo! - Fidel, friend, the people are with you!*

[2]*sangre - blood*

[3]*¡Que se vayan! - Go away!*

[4]*gusanos - worms (a derogatory term for people who wanted to leave Cuba)*

¡Qué se vayan
los gusanos!
¡Cuba, qué linda
es Cuba!
¡Sin los gusanos
me gusta más!

Yo no quería ir a la plaza para ver a Fidel porque no me gustaban sus ideas políticas, pero era casi imposible no escucharlo. Cuando Fidel le hablaba al público, no había nada más en la televisión ni en la radio.

Fidel defendía la Revolución y criticaba a la gente que quería salir de Cuba. Salir de Cuba era una decisión difícil porque Fidel consideraba enemigos a todos los que querían salir del país. La gente a favor de Fidel insultaba a los que querían salir de Cuba. Los consideraban antirrevolucionarios y los llamaban 'gusanos'.

Aunque yo estaba nervioso de ser un enemigo de Fidel, decidí salir de Cuba. ¡Esta era mi oportunidad! No quería vivir en Cuba con Fidel, con la Revolución, con el comunismo ni con la opresión. No podía tener la vida que yo quería en Cuba. ¡Quería libertad! ¡Quería ir a Estados Unidos!

Yo ya me había imaginado mi vida en Estados Unidos y, en ese momento, tuve la oportunidad de irme a ese país. Mis padres y mis hermanos estaban a favor de Fidel y del comunismo, así que decidí no revelarles mi plan. Mi plan tenía que ser un secreto: ¡Mi vida nueva dependía del secreto!

Fui al puerto de Mariel y, al llegar, vi una escena caótica. Había muchos barcos estadounidenses y mucha gente esperando para salir de Cuba. Pero los comunistas estaban furiosos con los que estaban abandonando el país. No solo gritaban: «¡Gusanos! ¡Que se vayan! ¡Que se vayan!». También le tiraban huevos a la gente que se iba en los barcos. Tirar huevos era irónico porque mucha gente sufría de hambre. El gobierno les había dado huevos para tirárselos a los 'gusanos', pero no para que se los comieran.

Observé el puerto durante dos o tres horas. Quería encontrar un barco, pero decidí que necesitaba ver a mi familia una última vez[5]. Posiblemente nunca regresaría a Cuba. Mi plan era: ir a casa, ver a mi familia, regresar rápidamente al puerto y salir en secreto en un barco.

Emocionado y nervioso, fui en un autobús a La Habana. Cuando llegué a casa, ¡encontré a mi familia en crisis! Mi hermana exclamó:

– Dionisio, ¡¿dónde estabas?! ¡Mamá tuvo un ataque al corazón! ¡Tenemos que ir al hospital!

Fuimos rápidamente al hospital para ver a mi madre. Ella se encontraba en estado crítico. Estaba delicada y yo sabía que mi plan de salir del país sería traumático para ella. No quería causarle otro ataque al corazón. Quería salir de Cuba, pero mi madre era más importante que mi libertad.

[5]*última vez - last time*

Capítulo 3
Un niño de las montañas

1960 - 1972
Las montañas de la provincia de Guantánamo, Cuba

Cuando era niño, vivía con mis padres y mis seis hermanos en las montañas de la provincia de Guantánamo. La familia de mi padre llegó de España en 1927 (mil novecientos veintisiete). Mis abuelos compraron mucha

tierra[1] en Cuba y la dividieron entre sus siete hijos. Todos teníamos ranchos con muchos animales. También teníamos plantaciones de café, cacao y plátano[2].

Aunque no teníamos electricidad en las montañas, ¡no éramos pobres! Teníamos una buena casa y producíamos comida en abundancia. La gente de la ciudad compraba los productos de nuestro rancho y teníamos suficiente dinero para vivir bien.

En 1961 (mil novecientos sesenta y uno), cuando yo tenía un año, una maestra llegó a nuestras montañas. Fidel había vivido en las montañas de la Sierra Maestra durante la Revolución y había observado que mucha

[1] *tierra - land*

[2] *cacao y plátano - cocoa and banana*

«Cuba será el primer país de América que a la vuelta pueda decir que no tiene un solo analfabeto».

gente no sabía leer. Así que Fidel tenía una misión: educar a la gente de las comunidades rurales.

Miles de voluntarios fueron a las áreas rurales para educar a la gente. La maestra que llegó a nuestras montañas vivió con mi familia. Mi padre y mis tíos construyeron una escuela y todos –adultos y niños– aprendieron a leer.

A los cinco años, comencé a ir a la escuela y, con el tiempo, a trabajar con mi familia en el rancho. Cuando tenía ocho años, mi trabajo era transportar los productos del rancho. Todos los días salía caminando con las mulas a las cuatro y media de la mañana. Caminaba veinte kilómetros con las mulas a un centro de camiones[3] y regresaba con las mulas a la una de la tarde. Después, caminaba a la escuela, donde estudiaba por cuatro horas. Era un día intenso para un niño de ocho años.

Aunque todos trabajábamos mucho, estábamos contentos. Nos gustaba la vida en el rancho. Éramos una familia grande, unida y feliz.

Poco a poco, nuestra vida feliz cambió. Fidel quería cambiar muchos aspectos de la vida en Cuba. Una parte de su plan era eliminar la religión. En 1969 (mil nove-

Catedral de La Habana

[3]*camiones - trucks*

cientos sesenta y nueve), Fidel prohibió la celebración de la Navidad. La Navidad era una tradición especial para los cubanos. Las familias de mi padre y mi madre siempre habían celebrado juntas, pero ahora Fidel había ordenado que los hombres trabajaran en las plantaciones de azúcar durante la Navidad. Así que mi padre y mis tíos tuvieron que trabajar y no hubo una celebración. Fue una Navidad triste para mí.

En 1972 (mil novecientos setenta y dos), cuando yo tenía doce años, mis hermanos Rafael y Juan se fueron de la casa. Rafael tenía que hacer tres años de servicio militar y Juan se fue a vivir con nuestra abuelita a La Habana porque quería estudiar la secundaria[4]. No tenía otra opción porque, en las montañas, no había escuelas secundarias. Ahora solo éramos cinco hijos en la casa: mis tres hermanas, mi hermano José Luis y yo.

En 1972 (mil novecientos setenta y dos) hubo un cambio enorme: Fidel tomó control de todos los ranchos privados. Para Fidel, el capitalismo no era justo. Estableció un sistema de 'cooperativas' para que todo fuera igual para todos los cubanos. El rancho había sido nuestro por cuarenta y cinco años, pero ahora ya no era el rancho de mi familia. Era parte de una cooperativa.

[4]*la secundaria - high school*

Un registro de raciones controlaba ventas y compras.

Era muy diferente trabajar para la cooperativa que trabajar para la familia. Ahora teníamos que trabajar muchas más horas. Yo todavía llevaba los productos del rancho al centro de transportación, pero ahora la cooperativa recibía el dinero. ¡La cooperativa solo nos pagaba[5] un salario de cien pesos[6] al mes! No nos podíamos comer la comida que producíamos. Teníamos que comprársela a la cooperativa, pero no podíamos comprar todo lo que queríamos. Un registro de raciones controlaba lo que podíamos comprar. Ahora, por primera vez, éramos pobres.

[5]*nos pagaba - paid us*

[6]*cien pesos - 100 pesos = $5 USD*

Mis abuelos habían comprado la tierra y mi familia la había trabajado por años. Habíamos establecido plantaciones productivas y ranchos prósperos. Cuando Fidel tomó control de los ranchos, todo cambió para mí y para mi familia. Mis tíos no podían perdonar a Fidel por haber tomado el rancho de la familia y, por eso, detestaban el comunismo. No querían trabajar por el salario miserable de la cooperativa, así que casi todos se fueron a trabajar a la ciudad de Baracoa. Ya no vivíamos todos juntos en nuestras montañas.

Aunque Fidel decía que el comunismo era bueno para Cuba, no era bueno para mi familia. Solo tenía doce años, pero tomé una decisión. No quería ser comunista –nunca. Yo prefería la libertad.

Mural de la bandera cubana y Che Guevara en La Habana

Capítulo 4
Un guajiro[1] en La Habana

1973 - 1978

La Habana, Cuba

En 1973 (mil novecientos setenta y tres), cuando yo tenía trece años, mi madre, mis hermanos y yo nos fuimos a vivir a La Habana. Mi madre tenía que ayudar a mi abuela porque tenía problemas médicos. Mi padre

[1]*un guajiro - a rural person in Cuba; a farmer*

necesitaba trabajar en el rancho y no podía ir con nosotros. Yo estaba emocionado de vivir en la capital. *«¡Voy a tener zapatos!»*, pensé. Nunca había usado zapatos. No los necesitaba en el rancho, pero todos llevaban zapatos en la ciudad y yo iba a ser un muchacho de la capital.

No había espacio para todos en la casa de la abuelita, así que compramos una pequeña casa para nosotros. ¡Era una casa terrible! Ya no me importaban los zapatos. ¡Yo quería regresar a mi casa en el rancho!

Vivimos en esa casa terrible por cuatro meses. Entonces mi padre decidió reunirse con la familia en La Ha-

La casa que construyó la familia de Dionisio en La Habana

bana. Encontró trabajo y construimos una casa más grande. Estábamos felices de estar juntos otra vez.

Estábamos juntos, pero la vida era muy diferente en La Habana. Las montañas de Guantánamo tenían mucha vegetación y mucho espacio. La Habana era una ciudad grande con mucha gente y poco espacio. Fue un gran cambio a nuestra vida en Guantánamo.

En La Habana, mi padre también cambió. Sus amigos del trabajo eran comunistas y siempre hablaban de las grandes ideas de Fidel. A mi padre le gustaban las escuelas, el sistema médico y la idea de Fidel de justicia para todos los cubanos. Aunque los comunistas habían tomado la tierra de mi familia, mi padre decidió hacerse comunista como sus amigos.

El carácter de mi padre también cambió. En el rancho, mi padre era tranquilo; ahora era más agresivo, especialmente cuando hablaba de sus ideas políticas. Ahora muchos de mis tíos vivían en La Habana, pero ya no querían hablar con mi padre. No podían comprender cómo mi padre podía ser comunista. Ya no éramos una familia unida.

Mi vida también cambió. En La Habana, ya no tenía que trabajar a las cuatro y media. Ahora tenía que ir a la escuela por la mañana. Me gustaban las clases, pero tenía problemas con los otros estudiantes.

Aunque yo llevaba el uniforme de la escuela y tenía zapatos como todos los muchachos de la ciudad, era obvio que yo no era de la capital. Mi acento era diferente al acento de la gente de La Habana. Los muchachos gritaban y usaban un lenguaje que mis padres no nos permitían usar. Los muchachos me insultaban y me llamaban 'guajiro'.

Un día, un muchacho dijo insultos muy ofensivos. Dijo:

– Mira al guajiro. Su madre xxx... Ja, ja, ja.

¡Sus insultos eran muy ofensivos! ¡Yo nunca los repetiría! ¡Nadie en las montañas hablaba así! Al escuchar esos insultos horribles, comencé a pegarle con furia.

Yo era guajiro, pero era un guajiro fuerte. Toda mi vida había trabajado mucho y era fuerte, ¡mucho más fuerte que los muchachos de la ciudad! El muchacho me pegó y comenzó una gran pelea[2]. Yo le pegué y le pegué. Por fin, los maestros me separaron del muchacho. Nos llevaron a la oficina y el director llamó a mis padres. Les dijo que él no podía tolerar más peleas.

Prometí no pelear en la escuela y realmente no quería pelear más, pero los muchachos de la escuela continuaban provocándome. Me insultaban a mí, a mi mamá

[2]*pelea - fight*

y a mi hermano José Luis. No podía tolerar sus insultos ofensivos y, por eso, me peleaba mucho. En mi opinión, los otros muchachos provocaban las peleas. Nunca les pegué sin provocación. Como peleaba mucho en la escuela, pronto tuve una reputación de muchacho agresivo.

Sentía mucho estrés y frustración. Pasaba mucho tiempo en la oficina del director. Mis padres también tenían que hablar frecuentemente con él. Ellos estaban frustrados conmigo. Querían ayudarme, pero no sabían cómo.

Al final, el director insistió en que yo fuera a una escuela 'especial'. La escuela 'especial' era un reformatorio para muchachos rebeldes. ¡Era como una prisión! Tenía que estudiar y trabajar todo el día. Solo podía visitar a mi familia una semana al año.

Me sentía solo y frustrado. Aunque quería salir de esa prisión, aprendí mucho allí. Aprendí a trabajar y aprendí que lo que más quería era la libertad.

Capítulo 5
Servicio militar

1978 - 1983

La Habana, Cuba

Después de cuatro años, en 1978 (mil novecientos setenta y ocho), a los dieciocho años, salí del reformatorio. Estaba emocionado de regresar a casa, pero me encontré con mi padre furioso.

– ¡¿Qué?! –me gritó mi padre–. El director del reformatorio me dijo que te invitó a ser miembro de la Unión de Jóvenes Comunistas[1], y ¡no

[1] *Unión de Jóvenes Comunistas - Young Communist League*

aceptaste! ¿En serio? ¿No sabes que los miembros de la Unión reciben muchos privilegios?

– Sí, lo sé –le respondí–, pero no quiero ser parte de un grupo comunista.

– ¡Idiota! –me gritó furioso–. ¡¿No te importan las oportunidades como la universidad y un trabajo respetable?!

– Sí, pero si aceptaba, iba a tener que ayudar a la Revolución. ¡No quiero ser parte de la Revolución!

Furioso, ¡mi padre me pegó muy fuerte!

– ¡Un hijo mío no va a ser un 'gusano'! –me gritó.

– ¡Prefiero ser un 'gusano' que un comunista agresivo! –le respondí.

Mi padre no podía comprender por qué yo no quería ser comunista como él y como mis hermanos Rafael y Juan. Los dos decidieron ser comunistas y recibieron buenos trabajos: Rafael en el aeropuerto y Juan como policía. Ellos insistían en que yo también necesitaba ser comunista.

No quería tener problemas con mi padre, pero no quería ser comunista. Encontré trabajo de soldador[2], pero

[2]*soldador - solderer, welder*

no me pagaban mucho. Cuando regresaba a casa, trataba de no hablar con mi padre ni con mis hermanos. Siempre estaba pensando en cómo escapar de mi horrible vida.

En 1980 (mil novecientos ochenta), yo tenía un plan para salir del país, pero cambié mi plan cuando mi madre tuvo un ataque al corazón. Poco después, recibí mis órdenes para el servicio militar. Como todos los muchachos cubanos, yo tenía que hacer tres años de servicio militar. Mi padre estaba contento de que, por fin, yo iba a ayudar en la Revolución, pero yo no. Yo no quería ayudar en la Revolución ni quería hacer el servicio militar, pero no tenía otra opción. Fui a la base militar donde hacíamos prácticas con bombas y granadas. Las prácticas eran muy peligrosas[3] porque usábamos bombas y granadas reales. ¡A veces uno o dos hombres morían durante las prácticas!

El servicio militar no era solamente para la protección de Cuba contra el enemigo: Estados Unidos. Cuba también ayudaba en otras revoluciones comunistas, como las del Congo, Siria y Angola.

Miles de cubanos fueron a Angola, en África, para pelear en una guerra[4] civil. Cuba ayudaba a los comunistas que querían tomar el control de Angola. Fue un

[3]*peligrosas - dangerous*

[4]*guerra - war*

Soldados cubanos

sacrificio para Cuba. Miles de militares cubanos murieron peleando en Angola.

Cuando yo estaba al final de mis tres años de servicio, mi unidad recibió órdenes de ir a Angola. ¿En serio? ¡En una semana más iba a completar mi servicio militar! Mi hermano Juan completó cinco años de servicio militar: tres en Cuba y dos en Angola. Yo no quería extender mi servicio militar como él.

Y lo más importante: ¡no quería morir en Angola! Pero yo sabía que, si no iba a Angola, podría morir en una prisión en Cuba. Decidí que prefería morir en Cuba que en Angola. Hablé con mi comandante.

– No voy a ir a Angola. Mi servicio está casi completo –le dije.

– ¿Qué? –me respondió furioso–. ¡No es tu decisión! Toda tu unidad va a ir a Angola. ¡TÚ vas a ir Angola!

– ¡No! ¡No voy a ir Angola! –insistí–. No quiero pelear contra la gente de África.

– Entonces, ¿prefieres ser un antirrevolucionario? –gritó el comandante furioso.

El comandante me llevó a la corte militar. Recibí una sentencia de prisión. Como prisionero político, estaba en una celda solitaria. No podía estar con otros prisioneros y no podía hablar con nadie. No podía trabajar ni estudiar. Yo no podía hacer nada en mi pequeña celda, aunque me permitían salir treinta minutos al día. Pasé una eternidad en esa pequeña celda solitaria. Todos los días pensaba en la libertad.

Foto: Anssi Koskinen CC BY 2.0

Capítulo 6
La balsa

1983

La Habana, Cuba

Pasé cinco meses terribles en la celda solitaria de la prisión militar. Por fin, en 1983 (mil novecientos ochenta y tres), a los veintitrés años, completé mi sentencia y salí de prisión. Al salir, me informaron que todos los doscientos hombres de mi unidad militar habían muerto en Angola… ¡Todos! Me sentí muy triste. Estaba feliz de estar vivo y libre, pero triste por mis amigos.

Otra vez vivía con mis padres y trabajaba como soldador. Cuando no estaba trabajando, estaba con las muchachas, pasando las noches tomando alcohol y peleando con todos los que me ofendían. Un amigo me presentó a una muchacha que me gustaba mucho. Se llamaba Reina. Pasé mucho tiempo con Reina, pero nunca hablé con ella de mi sueño de ir a Estados Unidos.

No podía abandonar mi sueño de ser libre. Pensaba constantemente en los barcos que habían salido de Cuba en 1980 (mil novecientos ochenta) y en los cubanos que ahora vivían en Florida. En 1984 (mil novecientos ochenta y cuatro), hablé con cinco amigos de la posibilidad de llegar a Florida en una balsa. Sabíamos que era muy peligroso. Había tiburones[1] en las aguas entre Cuba y Florida. A veces también había terribles huracanes. Mucha gente trataba de escapar en balsas, pero pocos llegaban a Florida y muchos desaparecían en el mar.

Yo sabía que era peligroso. Sabía que muchas personas morían en el mar. Pero yo prefería morir en el mar que vivir en Cuba.

Mis amigos y yo construimos –en secreto– una balsa de madera y llantas de camión[2]. Sabíamos que si la policía nos detectaba, podría llevarnos a prisión… o matarnos[3].

No podía hablar con Reina ni con mi familia de mi plan. Especialmente tenía miedo de que mi padre o mis hermanos pudieran reportar mi plan a las autoridades. ¡Mi vida dependía de mantener el secreto!

Por fin llegó el día. La balsa estaba completa. Salimos en secreto durante la noche porque no queríamos que nadie detectara nuestro escape. Fuimos en silencio

[1]*tiburones - sharks*

[2]*una balsa de madera y llantas de camión - a raft made of wood and truck tires*

[3]*matarnos - kill us*

hacia el mar.

– ¡Al agua! –dije nervioso.

La balsa no tenía motor y tuvimos que remar[4]. Remamos toda la noche.

– ¡En unos minutos vamos a estar en aguas internacionales! –gritó uno de mis amigos.

La Guardia Costera cubana no podría arrestarnos si estábamos en aguas internacionales. Solo teníamos que pasar la línea invisible, a veinte kilómetros de la costa. Después, podríamos remar tranquilos hasta Florida.

[4]*remar - to row*

Sabíamos que, en Florida, la Guardia Costera de Estados Unidos nos iba a ayudar. Estados Unidos siempre ayudaba a los cubanos que llegaban a Florida.

De repente, uno de mis amigos gritó:

– ¡Miren!

Miramos hacia[5] la isla y vimos un barco en la distancia. El barco navegaba rápidamente hacia nosotros.

– ¡Ay, no! ¡Es la Guardia Costera cubana! –gritó mi amigo con pánico–. ¡Remen más rápido! ¡Ya casi llegamos! ¡Un kilómetro más y estaremos en aguas internacionales!

Todos remamos con todas nuestras fuerzas, pero nos fue imposible escapar. ¡Estábamos atrapados!

Un guardia nos gritó:

– ¡Súbanse[6] al barco!

Estábamos desesperados y tristes, pero nos subimos al barco porque no teníamos otra opción. Cuando me subí al barco, ¡un guardia me pegó! Tenía miedo. ¿Qué iban a hacer con nosotros? ¿Nos iban a matar?

La Guardia Costera nos llevó a una prisión en La Habana. Las condiciones en la prisión eran horribles. Era más horrible que la prisión militar. Otra vez, como

[5]*hacia - toward*

[6]*Súbanse! - Get in!*

prisionero político, yo tenía que estar en una celda solitaria. Los guardias abusaban de nosotros todos los días. Nos gritaban y nos pegaban frecuentemente. Nos llamaban 'gusanos', el insulto favorito de los comunistas para la gente que quería salir del país. En mi celda solitaria, pensaba en la balsa, en el escape y en mi futuro. Fue frustrante saber que yo había estado a solo un kilómetro de la libertad.

Capítulo 7
De prisión a prisión

1984 - 1994

La Habana, Cuba

Las condiciones en la prisión eran horribles, pero tenía la oportunidad de salir a trabajar. Fidel necesitaba más prisiones y nosotros, los prisioneros, ayudábamos a construirlas. Así aprendí a ser electricista, plomero y carpintero. No me pagaban y tenía que regresar a la prisión después del trabajo, pero no me importaba porque trabajar era mejor que estar todo el día en mi celda solitaria.

Reina comprendía por qué traté de escaparme. Ella todavía me quería y, por eso, me visitaba en la prisión. A veces los guardias le permitían pasar la noche conmigo en la prisión. En 1987 (mil novecientos ochenta y siete) tuvimos una bebé, Yeleyn. Yo estaba emocionado de tener una hija, pero estaba frustrado porque todavía estaba en prisión. No podíamos vivir juntos como una familia normal.

Pasé cinco años en prisión pero por fin, en 1989, completé mi sentencia. Me fui a vivir con Reina y nuestra bebé a la casa de sus padres. Yo estaba feliz con Reina y me encantaba pasar tiempo con Yeleyn, mi preciosa bebé, pero el padre de Reina era comunista. No quería tener un 'gusano' en su casa ni en la vida de su hija. Después de pocos días, su padre me dijo que yo ya no podía vivir en su casa. También convenció a Reina de separarse de mí. Reina me permitía visitar a Yeleyn una vez por semana y yo le ayudaba económicamente, pero ya no éramos una familia.

Yo ya no tenía dónde vivir. No podía vivir con mis padres. Después de salir de la prisión, mi padre estaba más furioso conmigo que nunca. A veces yo pasaba la noche en casa de un amigo... o en la calle.

También era difícil encontrar trabajo. Nadie quería trabajar con un 'gusano'. Yo estaba desesperado. Mi padre todavía estaba furioso conmigo, pero por fin, habló con su mánager y él me ofreció trabajo.

Estaba triste y frustrado y, más que nunca, quería escaparme de Cuba y de mis problemas, pero ahora era imposible porque yo era enemigo de Fidel. Había tratado de escapar de Cuba y ahora me vigilaban los espías de Fidel.

Fidel tenía un sistema de vigilancia en todas las ciudades: el Comité de la Defensa de la Revolución, o CDR. Voluntarios del CDR vigilaban a la gente y reportaban toda actividad 'antirrevolucionaria'. El CDR me vigilaba intensamente porque yo era un 'gusano'. El CDR sabía

de todas mis actividades y le reportaba todo a la policía. Cuando yo caminaba por la calle, veía que siempre un miembro del CDR caminaba detrás de mí[1]. Mucha gente no quería hablar conmigo porque tenía miedo de asociarse con un 'gusano'. Si hablaban conmigo, el CDR los iba a vigilar a ellos también.

No solo los voluntarios del CDR informaban a los oficiales de actividades antirrevolucionarias. La gente comunista también informaba a los oficiales. Yo sabía que mi padre y mis hermanos comunistas tenían que reportar mis actividades 'antirrevolucionarias'.

José Luis se convirtió al comunismo durante su servicio militar y Rafael era un comunista muy agresivo. Yo tenía miedo de los dos, pero tenía más miedo de mi hermano Juan. Después de completar el servicio militar, Juan estudió en la academia de policía. También estudió leyes[2] en la Unión Soviética durante seis años y regresó todavía más dedicado al comunismo. Él tenía una pistola y yo sabía que era muy posible que él me matara.

Yo ya no estaba en prisión, pero la isla era mi prisión. Me sentía muy solitario. No tenía a nadie... ni a mi familia ni a ninguna otra persona que me ayudara a encontrar la libertad.

[1]*detrás de mí - after me, behind me*
[2]*leyes - law*

Capítulo 8
La protesta

1991 - 1994

La Habana, Cuba

Por muchos años, Cuba dependió de la ayuda de la Unión Soviética pero, en 1991, ese país se colapsó. La Unión Soviética ya no existía y ya no podía ayudarnos con petróleo ni comprar nuestro azúcar, el producto más importante de Cuba. Eso causó una crisis económica en Cuba.

Fidel dijo que era necesario hacer sacrificios para defender la Revolución durante este 'periodo especial'. Antes no teníamos mucha comida y ahora mucha gente sufría de malnutrición. No había gasolina para los carros, así que las bicicletas se convirtieron en el principal medio de transporte. Había mucha tensión política.

Un día, el CDR decidió que José Luis también era un antirrevolucionario. José Luis no sabía por qué habían decidido eso, pero ya no podía ser comunista. Yo ya no tenía miedo de José Luis porque ahora era un antirrevolucionario, como yo.

La crisis económica continuó y, para escaparme de mis problemas, tomaba mucho y pasaba tiempo con muchachas. Una muchacha atractiva me llamó la atención. Se llamaba Marisa. Era simpática y me gustaba mucho. En 1992 (mil novecientos noventa y dos) me fui a vivir con ella y en 1993 (mil novecientos noventa y tres) tuvimos un bebé. Lo llamamos Dioni. Era un niño adorable y me sentía feliz de ser padre otra vez. ¿Pero qué futuro iban a tener mis dos hijos?

Mi madre siempre me decía que yo necesitaba buscar a Dios porque Él tenía un plan para mi vida, pero a mí eso no me importaba. Yo tenía un plan para mi vida: ser libre. No quería permitir que otra persona controlara mi vida –ni Fidel, ni Marisa… ni Dios.

La crisis económica fue severa por mucho tiempo. Después de años de miseria y opresión, la desesperación de la gente llegó al máximo. El cinco de agosto de 1994 (mil novecientos noventa y cuatro), hubo una protesta masiva. Cientos de personas fueron al puerto de La Habana para protestar. Yo también fui. Todos corrimos por las calles, tiramos rocas a los policías y gritamos:

– ¡Libertad! ¡Libertad! ¡Abajo Fidel[1]! ¡Abajo el comunismo!

[1] *¡Abajo Fidel! - Down with Fidel!*

Estábamos desesperados con la situación económica. Tiramos rocas por las ventanas de los supermercados y robamos la comida... porque realmente la necesitábamos.

Entonces llegaron más policías armados. Toda la gente gritaba y corría para escapar de los policías armados. Los policías le pegaron y arrestaron a mucha gente. Yo tuve miedo y, desesperado, corrí de los policías. De repente, vi una cloaca[2]. La cloaca era horrible, pero no tenía otra opción... Entré en la cloaca para escaparme y, afortunadamente, nadie me vio. Aunque esta vez me había escapado de los comunistas, sabía que todavía no estaba en libertad.

[2]*cloaca - sewer*

Capítulo 9
El barco

13 - 29 de agosto de 1994
La Habana, Cuba

Después de la protesta masiva del cinco de agosto, hubo una crisis política en Cuba. La gente continuaba gritando: «¡Libertad! ¡Libertad!». Una semana después de la protesta, Fidel dijo –al igual que en 1980 (mil novecientos ochenta)– que todos los que quisieran salir, podían irse de la isla. Inmediatamente, muchas personas comenzaron a hacer balsas. Ahora no era necesario hacer las balsas en secreto, porque ¡ahora teníamos el permiso de Fidel!

Hablé con Marisa. Le dije:

– Quiero salir de Cuba. Esta es mi oportunidad de buscar una nueva vida para nuestra familia en Estados Unidos.

– ¡Es muy peligroso escapar en una balsa! –me dijo Marisa.

– No voy a construir una balsa –le dije–. Soy soldador. ¡Voy a construir un barco de metal!

– ¿Dónde vas a encontrar el metal para hacer un barco? –respondió Marisa.

– Ya lo verás… ¡voy a encontrarlo!

Un día, vi un autobús. No era un autobús completo. Era solo el techo[1] del autobús. Pero en ese momento, yo no vi un autobús... ¡vi un barco!

Marisa y yo decidimos que sería muy peligroso llevar a nuestro pequeño bebé en el barco, pero su padre y su hermano decidieron ir conmigo. Construímos el barco en el patio de su casa. Mi hermano José Luis también nos ayudó. Mucha gente quería ir a Estados Unidos conmigo. Yo siempre les decía: «Puedes ir conmigo si nos puedes ayudar», y muchos colaboraron. Un hombre tomó el motor de su carro para usarlo en el barco. Durante una semana, trabajé todos los días en mi barco. Ya no iba al trabajo. Mi trabajo era preparar el barco para escaparnos. En solo una semana, ¡el barco estaba completo!

Decidí informar a mi padre que iba a salir del país. No quería hablar con mi madre porque sabía que iba a llorar. Fui a la casa a una hora en que yo sabía que mi madre no estaría. Llegué a la casa y encontré a mi padre. Le dije que me iba de Cuba y que José Luis se iba a ir conmigo. Yo sabía que José Luis era el hijo favorito de mis padres y que ellos no querían que él saliera de Cuba.

[1]*techo - roof*

Mi padre no me dijo adiós. Solamente me dijo:

– Cuida[2] a tu hermano.

Cuando mi madre regresó a casa y mi padre le informó de mi plan, estaba devastada. No quería que yo saliera de Cuba, pero especialmente no quería que José Luis se fuera conmigo.

Mi madre fue a la casa de Marisa para hablar conmigo:

– Si te llevas a José Luis contigo, ¡ya no soy tu madre! –me gritó furiosa.

– Mamá –le dije–, José Luis es un adulto. No lo estoy forzando a irse. Es su decisión.

Yo no quería que mi mamá estuviera triste, pero no quería pasar ni un día más en Cuba. Quería ser libre y esta era mi oportunidad. También era la oportunidad de mi hermano, pero era una decisión difícil para él. José Luis tenía una esposa y dos niños pequeños. No quería ver a su familia antes de salir del país.

– Si los veo, no me voy –me dijo.

Mi hija Yeleyn ahora tenía seis años. Normalmente yo la visitaba todas las semanas. Quería verla antes de salir de Cuba, pero Reina no me lo permitió. Reina tenía miedo de que yo la llevara conmigo a Estados Unidos.

[2]*cuida - take care (of)*

Mi madre todavía no quería que José Luis y yo nos escapáramos. Le dijo a Juan –mi hermano policía:

– Habla tú con Dionisio. No quiero que ellos se vayan[3].

Mi mamá no sabía que Juan estaba furioso conmigo, su hermano 'gusano'. Juan tenía problemas en su trabajo porque tenía un hermano antirrevolucionario. Juan quería buscarme, pero no para que estuviéramos juntos como familia. ¡Él quería llevarme a prisión!

Juan fue a la casa de los padres de Marisa para buscarme, pero afortunadamente, en ese momento yo no estaba en casa. Cuando regresé, el padre de Marisa me informó que Juan me estaba buscando. Yo sabía por qué mi hermano me estaba buscando. ¡Yo tenía que escaparme lo más pronto posible!

Pasé la noche en la casa de un amigo para escaparme de Juan. La mañana del día veintinueve de agosto, mis amigos llevaron el barco al mar. Yo no fui con ellos porque tenía miedo de mi hermano. Fui en secreto a la costa. En ese momento, le hice una promesa a Dios:

– Si puedo salir de este país, voy a seguirte[4].

Me pregunté: *«¿Dios va a ayudarme a encontrar la libertad?»*.

[3]*que ellos se vayan - that they leave*

[4]*voy a seguirte - I am going to follow you*

Capítulo 10
¡La tercera es la vencida[1]!

29 de agosto de 1994
La Habana, Cuba

José Luis, mis amigos y yo nos juntamos en el puerto. En total, éramos veintiuna personas. Subimos todas las provisiones al barco. Esperábamos llegar a Florida en un día, pero teníamos comida, limón, azúcar y agua para tres días, en caso de que no llegáramos tan pronto. Estábamos preparados para todo.

Entonces, uno de los hombres de nuestro grupo subió al barco con su esposa y sus dos hijos. Un policía del puerto los vio.

– ¡Eh! ¿Qué hacen? ¡Los niños no pueden salir del país! ¡Las clases comienzan pronto y los niños tienen que ir a la escuela! –gritó el policía.

Mi amigo y su esposa hablaron con el policía. Todos gritaban y los niños lloraban. El policía insistió en que no se podía salir de la isla con los niños.

[1]*la tercera es la vencida - the third time is a charm*

Al final, el hombre miró a su esposa y le dijo:

– Esta es mi oportunidad de buscar un futuro para nuestra familia en Estados Unidos. Pronto ustedes también podrán ir.

El hombre se subió al barco tristemente y abandonó a su familia. No tenía otra opción. La familia lloraba incontrolablemente cuando el barco se fue.

En el mar había muchas balsas, barcos pequeños y gente desesperada que flotaba en llantas de camión. Miré hacia la isla que se veía cada vez más pequeña[2]. Después de tres intentos, ¡por fin me escapé de Cuba! ¡Por fin era libre! Nadie me vigilaba, nadie me llamaba 'gusano' y, lo más importante, ya nadie me iba a controlar.

–¡Libertad! –grité al aire–. ¡Libertad!

Navegamos en el barco rápidamente. No queríamos ser atrapados por la Guardia Costera cubana otra vez. Queríamos llegar a aguas internacionales donde Fidel ya no tenía el control.

Nerviosos, miramos hacia la isla, pero solo vimos a otros balseros que también se estaban escapando de Cuba. Esta vez, la Guardia Costera cubana no nos estaba vigilando. Estábamos a veinte kilómetros de la costa y sabíamos que ya habíamos pasado la línea invisible, la

[2]*se veía cada vez más pequeña - was becoming smaller and smaller*

línea entre aguas cubanas y aguas internacionales.

– ¡Libertad! –todos gritamos felices–. ¡Estamos en aguas internacionales! ¡Fidel ya no nos puede atrapar!

Era un día tranquilo y no tuvimos ningún problema con el barco. Fue el día más perfecto y feliz de mi vida. Navegamos rápidamente durante cuatro horas. A las cinco de la tarde, estábamos a sesenta y cinco kilómetros de Cuba cuando vimos muchos barcos en la distancia. ¿Había barcos de la Guardia Costera cubana en aguas internacionales?

Un barco de la Guardia Costera de Estados Unidos

Llegamos a donde estaban los barcos y vimos que no eran barcos cubanos; ¡eran barcos de Estados Unidos! Miramos en silencio lo que estaba frente a nosotros: una línea de barcos estadounidenses. ¿Qué estaba pasando? ¿Dónde estaba ahora mi sueño de libertad?

Capítulo 11
Guantánamo

29 de agosto de 1994 - febrero de 1995
El mar entre Cuba y Florida

– ¡Súbanse al barco! –gritó un oficial de la Guardia Costera por un megáfono.

Sentí un déjà vu. Otra vez, la Guardia Costera nos había interceptado antes de llegar a la costa de Florida. Esta vez, fue la Guardia Costera de Estados Unidos.

Abordamos el barco. ¡Era gigante! Los balseros hablamos de nuestras experiencias en el mar. Muchos balseros pasaron tres, cuatro o hasta cinco días en el mar antes de que llegara la Guardia Costera. Vimos balsas abandonadas y supimos que muchos cubanos habían muerto buscando su libertad.

Los marineros subieron a más y más balseros. Todos pensábamos: *«¿Y ahora qué va a pasar?»*. Por fin, después de dos días, cuando hubo seis o siete mil balseros en el barco, el barco comenzó a navegar. Pero no navegó hacia Florida. ¡El barco navegó hacia Cuba!

El Presidente de Estados Unidos, Bill Clinton, había

declarado que todos los cubanos que llegaran a Florida podían entrar a Estados Unidos. ¡Pero todos los cubanos atrapados en el mar tenían que regresar a Cuba! Era imposible llegar a Florida porque los barcos estadounidenses estaban bloqueando la costa.

Nos ofrecieron dos opciones: regresar a La Habana o ir a la base militar estadounidense de Guantánamo. Realmente, yo no tenía opción. Sabía que vivir en Cuba iba a ser una tortura para un 'gusano' como yo.

El cuatro de septiembre entramos a la base de Guantánamo. Cuando entramos, un militar estadounidense declaró:

– ¡Ustedes nunca van a entrar a Estados Unidos!

Le dije a José Luis:

– No es verdad. No es posible mantener a miles de personas sin trabajar. Con el tiempo, nos van a permitir ir a Estados Unidos.

No nos era posible comunicarnos con nuestras familias... ni para decirles que estábamos bien. Nadie sabía que estábamos atrapados en la base de Guantánamo. Pensamos que íbamos a estar en la base militar de Guantánamo por tres o cuatro semanas y que después iríamos a Estados Unidos. Pero pasaron varias semanas y todavía estábamos en Guantánamo.

El presidente Bill Clinton dijo que no iba a permitirles a los balseros entrar a Estados Unidos. No quería repetir la situación de 1980 (mil novecientos ochenta) cuando ciento veinticinco mil cubanos navegaron del puerto de Mariel a Florida. Estados Unidos no quería recibir otra vez a miles de refugiados.

Entonces, ¿qué podíamos hacer? No podíamos regresar a nuestras casas en Cuba y tampoco podíamos ir a Estados Unidos. ¿Tendríamos que vivir para siempre en la base estadounidense?

Era una situación política muy tensa. Muchos cubanos en Miami protestaban porque sus familias estaban atrapadas en el limbo de Guantánamo. Los balseros también protestábamos porque, aunque no éramos criminales, Guantánamo era como una prisión.

Las condiciones en Guantánamo eran muy primitivas. Había 35.000 balseros cubanos en la base. Vivíamos en carpas[1], no había suficiente agua y comíamos raciones militares. Los oficiales estadounidenses querían frustrarnos. Realmente preferían que nosotros, los refugiados, regresáramos a Cuba. ¡Pero José Luis y yo no podíamos regresar!

Había mucha gente en la base. Así que en octubre,

[1]*carpas - tents*

Las carpas en la base de Guantánamo
foto: Scott Cowitt

Estados Unidos permitió a 10.000 balseros ir a otra base militar en Panamá. Los estadounidenses nos dijeron que iba a ser más rápido llegar a Estados Unidos desde Panamá, así que José Luis y yo decidimos ir. El nueve de octubre salimos de Cuba en avión. Estábamos muy emocionados. Era nuestra primera vez en un avión y... también era mi cumpleaños número treinta y cuatro. Fue un cumpleaños inolvidable.

Me gustaba mucho más estar en la base en Panamá. Vivíamos en carpas, como en Guantánamo, pero ya no comíamos raciones militares. También nos permitían escribirles cartas a nuestras familias. Por fin, podía comunicarme con mi familia. Les escribí a mi madre y a Marisa para decirles que estábamos bien en Panamá. Después, me informaron que todos pensaban que habíamos muerto en el mar.

Yo estaba contento en Panamá, pero otros balseros no. El nueve de diciembre, mil balseros protestaron en la base de Panamá. Les tiraron rocas a los militares estadounidenses y varios se escaparon de la base. Yo no

Cantante cubana Gloria Estefan fue a Guantánamo en 1995 para dar un concierto para los balseros
foto: Scott Cowitt

participé en la protesta, pero todos fuimos expulsados de Panamá. En febrero, después de solo cuatro meses en Panamá, regresamos a Cuba. Otra vez yo estaba en la base de Guantánamo, esperando la libertad.

Tributo a los balseros en la base militar de Guántanamo
foto: Scott Cowitt

Capítulo 12
Libre por fin

Mayo de 1995
La base militar estadounidense de Guantánamo, Cuba

La hermana de Reina (que se escapó en otra balsa) y Dionisio en la playa en Guantánamo

Pasaron los meses y todavía no había una solución política al problema de los balseros cubanos en Guantánamo. Fidel no quería a los 'gusanos' y Clinton no quería recibir a miles de refugiados. Un año pasó y...¡todavía estábamos en la base! Estábamos desesperados y frustrados. Habíamos salido de Cuba porque queríamos vivir en libertad, pero estábamos otra vez en prisión.

Poco a poco, los militares estadounidenses trataron de normalizar nuestra situación. Estados Unidos construyó escuelas para los niños, nos donaron materiales para hacer arte y, por fin, nos permitieron salir de la base para ir a la playa. Y lo más importante: nos permitieron escribirles cartas a nuestras familias.

Un día recibí una carta de Marisa. Estaba muy emocionado de por fin recibir una carta, pero mi felicidad se convirtió en tristeza cuando leí la carta. ¡Marisa quería separarse de mí! Me dijo que yo nunca iba a llegar a Estados Unidos. Ya no quería esperar a que mi sueño de libertad se hiciera realidad. El primer día en Guantánamo, un militar nos dijo que nunca íbamos a ir a Estados Unidos. Ahora Marisa también me lo decía. Tiré la carta y grité:

– ¡No es verdad!

En el pasado, yo usé el alcohol para escapar de mis problemas. Si estaba frustrado, tomaba alcohol. Si estaba triste, tomaba alcohol. También si estaba feliz, tomaba alcohol. Realmente era un alcohólico. La carta de Marisa era un buena excusa para tomar. Pero en las bases de Guantánamo y de Panamá, no había alcohol. Así que tenía que aprender a resolver mis problemas sin el alcohol.

Cuando regresé de Panamá, comencé a leer la Biblia por primera vez en mi vida. No quería ser religioso porque no me gustaban las personas religiosas, pero cuando leía la Biblia, me sentía libre psicológicamente; sentía esperanza[1].

Todavía tenía problemas en mi vida: estaba atrapado en Guantánamo y Marisa ya no me quería, pero por primera vez en muchos años me sentía tranquilo. Le escribí una carta a Marisa. Le dije:

– Eres libre. Puedes hacer lo que quieras con tu vida.

No sabía qué iba a pasar en el futuro pero, psicológica y espiritualmente, por fin había encontrado la libertad.

[1]*esperanza - hope*

Capítulo 13
Ohio no tiene playa

Mayo de 1995 - enero de 1996
La base estadounidense de Guantánamo, Cuba

La crisis política continuó. Había protestas en Miami, en Washington D.C. y en Guantánamo. Era una crisis política que el Presidente Clinton tenía que resolver. Por fin, en mayo de 1995 (mil novecientos noventa y cinco), Clinton anunció que los cubanos que estaban en Guantánamo podían ir a Estados Unidos. Todos los balseros en la base celebramos el anuncio. ¡Por fin íbamos a salir de Guantánamo!

Solo ciento veinticinco personas podían salir en un avión al día. Todos recibimos un número que indicaba el día cuando podíamos salir. Nuestro grupo no iba a salir por meses. Así que José Luis y yo tuvimos que esperar nuestro turno.

Mientras esperábamos nuestro turno, pinté mi barco en una camiseta[1] y escribí su nombre: 'Libertad'. Debajo del barco, escribí los nombres de las dieciocho personas

[1]*camiseta - t-shirt*

que escapamos en el barco. También, pinté nuestra carpa en Guantánamo. Escribí los nombres de las personas que vivieron allí. Muchos amigos escribieron sus nombres en la camiseta. Yo sabía que siempre iba a recordar a los amigos que vivieron esta experiencia conmigo.

¡Por fin llegó el gran día! El catorce de noviembre de 1995 (mil novecientos noventa y cinco) fue nuestro turno de subir al avión para Estados Unidos. Tomé la camiseta y lo poco que tenía y me subí al avión con José Luis.

Llegamos a Florida en solo hora y media. Estábamos muy emocionados cuando llegamos a Miami. ¡Por fin estábamos en Estados Unidos!

Solo los refugiados con familia en Florida podían vivir en ese estado. José Luis y yo no teníamos familia en

Estados Unidos, así que teníamos que ir a otro estado. La primera opción que nos ofrecieron fue Ohio. José Luis y yo miramos el mapa de los Estados Unidos.

– ¡Ohio no tiene playa! –exclamé–. Yo necesito

vivir en la costa. Me encanta la playa.

Entonces nos ofrecieron otra opción: Oregón. Miramos el mapa otra vez.

– ¡Oregón tiene playa! –José Luis y yo exclamamos juntos–. ¡Vamos a Oregón!

Llegamos a Oregón en diciembre. La oficina de ayuda a los refugiados nos encontró una casa. Yo vivía con José Luis y con otros dos refugiados cubanos.

Ahora nuestro trabajo era aprender inglés. El inglés era muy difícil, pero poco a poco aprendimos la lengua de nuestro nuevo país. Durante tres meses, recibimos trescientos dólares al mes por ir a las clases de inglés. Yo sabía que mi familia en Cuba necesitaba el dinero más que yo, así que le enviaba[2] cien dólares al mes a mi madre, cincuenta dólares a Yeleyn y cincuenta a Dioni.

En enero José Luis y yo fuimos a la playa con nuestros amigos cubanos. Yo estaba muy emocionado de visitar la playa en Oregón y de ver el Océano Pacífico. Cuando llegué, aprendí que la playa de Oregón no era como la playa en Cuba. ¡Hacía mucho frío en la costa de Oregón! ¡El agua estaba muy fría! ¡Estaba fría como el agua de un refrigerador!

[2]*enviaba - I sent*

Pensé: *«Sí, la costa de Oregón está fría en enero, pero no me importa. Lo importante es ser libre. Y ahora sí soy libre y estoy en mi nuevo país… en un país con libertad»*.

La costa de Oregon

Epílogo
"No hay mal que por bien no venga[1]"

Cuando llegué a Oregón, recordé la promesa que le hice a Dios en Cuba: «Si me puedo ir de este país, voy a seguirte». Fui a una iglesia y estudié la Biblia con dos personas. Una de ellas era simpática y atractiva. Se llamaba Annette y ¡ahora es mi esposa! Annette y yo tenemos dos hijos: Ali y Alex.

He visitado a mi familia en Cuba varias veces. En Cuba, la gente siempre me dice: «Y el *gusano estadounidense*, ¿cómo está?». Para ellos, todavía soy un 'gusano', pero ahora no tengo miedo de los espías de Fidel, ni de mis hermanos. Durante mi primera visita a Cuba, en el 2001 (dos mil uno), mi hermano Juan todavía estaba furioso conmigo. Me llamó 'gusano'... ¡y me pegó! Después, lloró y confesó:

– Qué bueno que te fuiste porque, sin tus dólares, habríamos muerto de hambre[2].

[1]*No hay mal que por bien no venga - Every cloud has a silver lining; There is no bad from which good does not come*

[2]*habríamos muerto de hambre - we would have died of hunger*

Dionisio con su esposa Annette

Mi familia observó el cambio de mi vida y de mi carácter. Ya no era el alcohólico con muchas muchachas que peleaba con todos. Fui transformado. Vieron que no solo había encontrado la libertad política; ahora era libre interiormente. Aunque todavía tenemos ideologías diferentes, ahora mi familia respeta mis ideas.

Yeleyn y Dioni querían vivir en Estados Unidos con nosotros. Fue difícil, pero por fin, en el 2005 (dos mil cinco), recibieron los documentos para salir de Cuba. Ahora Dioni vive en Oregón y mi hija Yeleyn y su madre

Reina viven en Florida.

Mi hermano José Luis no pudo tolerar el clima de Oregón y ahora vive con su familia en Florida, donde nunca hace frío. Dos de mis hermanas viven en Florida también, pero Rafael, Juan y otra hermana están todavía en Cuba. Mi madre pasó seis meses en mi casa en Oregón en el 2010 (dos mil diez), pero prefirió vivir en Cuba. En el 2012 (dos mil doce), tristemente, murió y fui a Cuba para su funeral.

Mi padre fue comunista hasta el final de su vida. Siempre decía que Fidel era un buen presidente con buenas ideas para Cuba. En el 2013 (dos mil trece), mi padre sufrió un derrame cerebral[3]. Fui a verlo, pero estaba en coma y ya no pudo hablar conmigo. Se murió en el 2018 (dos mil dieciocho).

En Oregón trabajo de soldador, carpintero y plomero, los trabajos que aprendí en el reformatorio y en la prisión en Cuba. Como decimos: No hay mal que por bien no venga. Al final, lo negativo de mi pasado se transformó en algo positivo para mi vida en libertad.

[3]*derrame cerebral - stroke; cerebral hemorrhage*

Glosario

A

a - to; at
abajo - down
abandonadas - abandoned
abandonando - abandoning
abandonar - to abandon
abandonó - s/he abandoned
abordamos - we boarded
abril - April
abuela - grandmother
abuelita - grandma
abuelos - grandparents
abundancia - abundance
abusaban - they abused
academia - academy
acento - accent
aceptaba - s/he accepted
aceptaste - you accepted
actividad - activity
actividades - activities
además - besides
adiós - goodbye
adoraban - they adored
adorable - adorable
adulto(s) - adult(s)
aeropuerto - airport
afortunadamente - fortunately
agosto - August
agresivo - aggressive
agua(s) - water(s)
ahora - now
aire - air
al - to the
alcohol - alcohol
alcohólico - alcoholic
algo - something
allí - there
amigo(s) - friend(s)
animales - animals
año(s) - year(s)
antes - before
antirrevolucionaria(s) - anti-revolutionary
antirrevolucionario(s) - anti-revolutionary
anuncio - announcement
anunció - s/he announced
apasionadamente - passionately
aprender - to learn
aprendí - I learned
aprendieron - they learned
aprendimos - we learned
aprisionaba - s/he imprisoned
aprisionados - imprisoned
áreas - areas
armados - armed

arrestarnos - to arrest us
arrestaron - they arrested
arte - art
así - so
así que - so
asociarse - to associate
aspectos - aspects
atacó - s/he attacked
ataque - attack
atención - attention
atractiva - attractive
atrapadas - trapped, caught
atrapado(s) - trapped, caught
atrapar - to trap, catch
aunque - although
autobús - bus
autoridades - authorities
avión - airplane
ay - oh
ayuda - help
ayudaba - I, s/he helped
ayudábamos - we helped
ayudaban - they helped
ayudar - to help
(que me) ayudara - (that) s/he help (me)
ayudarme - to help me
ayudarnos - to help us
ayudó - s/he helped
azúcar - sugar

B

balsa(s) - raft(s)
balseros - rafters
Baracoa - city in Guantánamo province of Cuba
barco(s) - boat(s)
base(s) - base(s)
bebé - baby
biblia - Bible
bicicletas - bicycles
bien - well
bloqueando - blocking
bombas - bombs
brutal - brutal
buen - good
buena(s) - good
bueno(s) - good
buscando - searching for
buscar - to search for
buscarme - to search for me

C

cacao - cocoa
cada - each
café - coffee
calle(s) - street(s)
cambiar - to change
cambié - I changed
cambio - change
cambió - it, s/he changed

caminaba - I, s/he walked
caminando - walking
camión(es) - truck(s)
camiseta - t-shirt
caótica - chaotic
capital - capital
capitalismo - capitalism
capítulo - chapter
carácter - character
carpa(s) - tent(s)
carpintero - carpenter
carro(s) - car(s)
carta(s) - letter(s)
casa(s) - house(s)
casi - almost
casinos - casinos
caso - case
catorce - fourteen
causarle - to cause her
causó - it, s/he caused
celda - cell
celebración - celebration
(habían) celebrado - (they had) celebrated
celebramos - we celebrated
celebró - s/he celebrated
centro - center
cien - one hundred
ciento - one hundred
cientos - hundreds
cinco - five
cincuenta - fifty
ciudad - city
ciudades - cities
civil - civil
clases - classes
clima - climate
cloaca - sewer
colaboraron - they collaborated
colapsó - it collapsed
coma - coma
comandante - commander
combatir - to combat
comencé - I commenced, began
comenzaron - they commenced, began
comenzó - it commenced, began
comer - to eat
comíamos - we ate
comida - food
comienzan - they commence, begin
comienzo - beginning
(para que) comieran - (so that) they eat
comité - committee
como - like; as
cómo - how
completa - complete
completar - to complete

completé - I completed
completo - complete
completó - s/he completed
compraba - s/he bought
(habían) comprado - (they had) bought
compramos - we bought
comprar - to buy
compraron - they bought
comprársela - to buy it
comprender - to comprehend, understand
comprendía - s/he understood
comprendo - I understand
comunicación - communication
comunicarme - to communicate
comunicarnos - to communicate
comunidades - communities
comunismo - communism
comunista(s) - communist(s)
con - with
condiciones - conditions
confesó - s/he confessed
conmigo - with me
consideraba - s/he considered
consideraban - they considered
constantemente - constantly
construimos - we constructed, built
construir - to construct, build
construirlas - to build them
construyeron - they built
construyó - s/he built
contento(s) - content, happy
contigo - with you
continuaba - I, s/he continued
continuaban - they continued
continuar - to continue
continuó - it, s/he continued
contra - against
(**al**) **contrario** - (on the) contrary
control - control
controlaba - s/he controlled
controlador - controlling
controladora - controlling
controlar - to control
(que) controlara - (that) it, s/he control
convenció - s/he convinced
(se) convirtieron - they became
(se) convirtió - s/he became
cooperativa(s) - cooperative(s)

corazón - heart

corrí - I ran

corría - s/he ran

corrimos - we ran

corrupción - corruption

corte - court

costa - coast

costera - coast

criminales - criminals

crisis - crisis

criticaba - s/he criticized

crítico - critical

cuando - when

cuarenta - forty

cuatro - four

cubana(s) - Cuban

cubanos - Cubans; Cuban

cuida - take care

cumpleaños - birthday

D

(había) dado - it, s/he had given

de - of; from

debajo - under

decía - s/he said

decidí - I decided

(había) decidido - (s/he had) decided

(habían) decidido - (they had) decided

decidieron - they decided

decidimos - we decided

decidió - s/he decided

decimos - we say

decirles - to tell them

decisión - decision

(había) declarado - (s/he had) declared

declaró - s/he declared

dedicado - dedicated

defender - to defend

defendía - s/he defended

defensa - defense

déjà vu - déjà vu

del - of the; from the

delicada - delicate

dependía - it, s/he depended

dependió - it, s/he depended

derrame cerebral - stroke

desaparecían - they disappeared

desastre - disaster

desde - from

desesperación - desperation

desesperada - desperate, despairing

desesperado(s) - desperate, despairing

después - after

detectaba - s/he detected

(que) detectara - that s/he detect

detestaban - they detested

detrás - behind

devastada - devastated

día(s) - day(s)

dice - s/he says

diciembre - December

dictador - dictator

dictadura - dictatorship

dieciocho - eighteen

diez - ten

diferencia - difference

diferente(s) - different

difícil - difficult

dificultades - difficulties

dije - I said

dijeron - they said

dijo - s/he said

dinero - money

Dios - God

director - director, principal

distancia - distance

dividieron - they divided

doce - twelve

documentos - documents

dólares - dollars

donaron - they donated

donde - where

dónde - where

dos - two

doscientos - two hundred

durante - during

E

economía - economy

económica - economic

económicamente - economically

educar - to educate

el - the

él - he

electricidad - electricity

electricista - electrician

eliminar - to eliminate

ella - she

ellas - they

ellos - they

embajada - embassy

embargo - embargo

emocionado(s) - excited

en - in; on; at

(me) encanta - it enchants me (I love)

(me) encantaba - it enchanted me (I loved)

(me) encantaban - they enchanted me (I loved)

(se) encontraba en estado crítico - she was in critical condition (she found herself in a critical state)

(había) encontrado - I had encountered, found

encontrar - to encounter, find

encontrarlo - to encounter, find it

encontré - I encountered, found

encontró - s/he encountered, found

enemigo - enemy

enemigos - enemies

enero - January

enorme - enormous

entonces - then

entramos - we entered

entrar - to enter

entre - between

entré - I entered

enviaba - I sent

era - I, it, s/he was

éramos - we were

eran - they were

eres - you are

es - it, s/he is

esa - that

(me habia) escapado - (I had) escaped

escapamos - we escaped

escapando - escaping

escapar - to escape

(que) escapáramos - (that) we escape

escaparme - to escape

escaparnos - to escape

escaparon - they escaped

escape - escape

escapé - I escaped

escena - scene

escribí - I wrote

escribieron - they wrote

escribir - to write

escribirles - to write to them

escuchar - to listen; hear

escucharlo - to listen to him

escuela(s) - school(s)

ese - that

eso - that

esos - those

espacio - space

España - Spain

especial - special

especialmente - especially

esperaba - s/he hoped

esperábamos - we hoped; waited

esperando - hoping; waiting for

esperanza - hope

esperar - to hope; wait

espías - spies

espiritualmente - spiritually

esposa - spouse, wife
esta - this
está - it, s/he is
estaba - it, s/he was
estábamos - we were
estaban - they were
estabas - you were
(habíamos) establecido - (we had) established
estableció - s/he established
(había) estado - I, s/he had been
Estados Unidos - United States
estadounidense(s) - from the U.S.
estamos - we are
están - they are
estar - to be
estaremos - we will be
estaría - s/he would be
este - this
estoy - I am
estrés - stress
estudiaba - I studied, used to study
estudiantes - students
estudiar - to study
estudié - I studied
estudió - s/he studied
(que) estuviera triste - (that) she be sad
(para que) estuviéramos juntos - (in order for us) to be together
eternidad - eternity
exclamamos - we exclaimed
exclamé - I exclaimed
exclamó - s/he exclaimed
excusa - excuse
existía - it existed
experiencia(s) - experience(s)
expresidente - ex-president
(fuimos) expulsados - (we were) expelled
extender - to extend

F

familia - family
familiares - family members
familias - families
(a) favor - in favor
favorito - favorite
febrero - February
felices - happy
felicidad - happiness
feliz - happy
final - final, end
flotaba - s/he floated
forzando - forcing
frecuentemente - frequently
frente - front

fría - cold
frío - cold
frustración - frustration
frustrado(s) - frustrated
frustrante - frustrating
frustrarnos - to frustrate us
fue - it, s/he was; went
(que yo) fuera - (that) I go
fueron - they went
fuerte - strong
fuerza(s) - strength
fui - I went; was
fuimos - we went; we were
(nos) fuimos - we left
fuiste - you went
funeral - funeral
furia - fury
furiosa - furious
furioso(s) - furious
futuro - future

G

gasolina - gasoline
genes - genes
gente - people
gigante - gigantic
gobierno - government
golpe militar - military coup
gran - great
granadas - grenades
grande(s) - big
gritaba - s/he shouted
gritaban - they shouted
gritamos - we shouted
gritando - shouting
grité - I shouted
gritó - s/he shouted
grupo - group
guajiro - Cuban farmer; rural person
Guantánamo - province in southeast Cuba
guardia(s) - guard(s)
guerra - war
gusano(s) - worm(s)
(le) gustaba - it was pleasing to him/her (s/he liked)
(me) gustaba - it was pleasing to me (I liked)
(me) gustaban - they were pleasing to me (I liked)
(les) gustaban - they were pleasing to them (they liked)

H

(La) Habana - Havana
había - there was, were
habíamos - we had
habían - they had
habla - s/he speaks
hablaba - s/he spoke

hablaban - they spoke
hablamos - we speak; spoke
hablando - speaking
hablar - to speak
hablaron - they spoke
hablé - I spoke
habló - s/he spoke
habríamos muerto - we would have died
hace - s/he does; makes
hace frío - it is cold out
hacen - you are doing
hacer - to do; make
hacerse - to become
hacia - toward
hacía frío - it was cold out
hacíamos - we did
hambre - hunger
hasta - until
hay - there is, there are
hermana(s) - sister(s)
hermano(s) - brother(s)
héroe - hero
hice - I made
(que se) hiciera - (that) it become
hija - daughter
hijo(s) - son(s); (children)
hombre - man
hombres - men
hora(s) - hour(s)
horrible(s) - horrible
hospital(es) - hospital(s)
hubo - there was
huevos - eggs
huracanes - huracanes

I

iba - I, s/he went, was going
(me) iba - I was leaving
(se) iba - s/he was leaving
íbamos - we were going
iban - they were going
idea(s) - idea(s)
ideología - ideology
ideologías - ideologies
idiota - idiot
(habían) ido - (they had) gone
iglesia - church
igual - equal, same
(había) imaginado - I had imagined
(me) importa - it is important to me (it matters to me)
(me) importaba - it was important to me (it mattered to me)
(me) importaban - they were important to me (they mattered to me)

(te) importan - they are important to you (they matter to you)
importante - important
imposible - impossible
incontrolablemente - uncontrollably
indicaba - it, s/he indicated
industria - industry
industriales - industrial
informaba - s/he informed
informaban - they informed
informar - to inform
informaron - they informed
informó - s/he informed
inglés - English
injusticias - injustices
inmediatamente - immediately
inolvidable - unavoidable
insistí - I insisted
insistía - I, s/he insisted
insistían - they insisted
insistió - s/he insisted
insultaba - s/he insulted
insultaban - they insulted
insulto(s) - insult(s)
intención - intention
intensamente - intensely
intenso - intense
intentos - attempts
(había) interceptado - it had intercepted
interiormente - on the inside
internacionales - international
intolerable - intolerable
invisible - invisible
invitó - s/he invited
ir - to go
iríamos - we would go
irme - to go (I)
irónico - ironic
irse - to go (s/he, they)
isla - island

J

ja ja - ha ha
jóvenes - youth
(nos) juntamos - we joined (together)
juntas - together
juntos - together
justicia - justice
justo - just

K

kilómetro(s) - kilometer(s)

L

la - the; her

las - the; them

le - him

les - them

leer - to read

leí - I read

leía - I read

lengua - language

lenguaje - language

leyes - law

libertad - liberty, freedom

libre - free

limbo - limbo

limón - lemon; lime

línea - line

llamaba - s/he called

(se) llamaba - she was called

llamaban - they called

llamado - called

llamamos - we called

llamó - s/he called

(me) llamó la atención - she caught my eye

llantas - tires

llegaban - they arrived

llegamos - we arrived

llegar - to arrive

(que) llegara - (that) it arrived

(que) llegáramos - (that) we arrived

(que) llegaran - (that) they arrived

llegaron - they arrived

llegó - s/he arrived

llegué - I arrived

llevaba - I took; wore

llevaban - they wore

llevar - to take

(que) llevara - (that) I, it take

llevarme - to take me

llevarnos - to take us

llevaron - they took

llevas - you take

llevó - s/he took

lloraba - s/he cried

lloraban - they cried

llorar - to cry

lloró - s/he cried

lo - it; him

los - the; them

M

madera - wood

madre - mother

maestros - teachers

(no hay) mal que por bien no venga - (there is no) bad from which good does not come (every cloud has a silver lining)
malnutrición - malnutrition
mamá - mom
mánager - manager
mañana - morning
mantener - to maintain
mantenía - s/he maintained
mapa - map
mar - sea
marina - navy
marineros - sailors
más - more
masiva - massive
matar - to kill
matarme - to kill me
matarnos - to kill us
materiales - materials
máximo - maximum
mayo - May
me - me
(cuatro y) media - 4:30 = (four and) a half
medicinas - medicine
médico(s) - medical
medio - medium
megáfono - megaphone
mejor - better
mes(es) - month(s)
metal - metal
mi(s) - my
mí - me
miedo - fear
miembro(s) - member(s)
mientras - while
mil(es) - thousand(s)
militar(es) - military; soldier(s)
minutos - minutes
mío - mine
mira - look
miramos - we looked
miré - I looked
miren - they look
miró - s/he looked
miserable(s) - miserable
miseria - misery
misión - mission
momento - moment
montañas - mountains
morían - they died
morir - to die
motor - motor
mucha - much
muchacha(s) - girl(s)

muchacho(s) - boy(s)
muchas - many
mucho - much
muchos - many
(habíamos) muerto - (we had) died
(habían) muerto - (they had) died
(habríamos) muerto - we would have died
mulas - mules
multitud - multitude
murieron - they died
murió - s/he died
muy - very

N

nada - nothing
nadie - nobody
navegaba - s/he sailed
navegamos - we sailed
navegar - to sail
navegaron - they sailed
navegó - s/he sailed
Navidad - Christmas
necesario - necessary
necesitaba - I, s/he needed
necesitábamos - we needed
necesitamos - we need
necesito - I need
negativo - negative
nervioso(s) - nervous
ni - nor
ningún - no; any
ninguna - no; any
niño - boy
niños - children
no - no
noche(s) - night(s)
nombre(s) - name(s)
normal - normal
normalizar - to normalize
normalmente - normally
nos - us
nosotros - we
novecientos - nine hundred
noventa - ninety
noviembre - November
nuestra(s) - our
nuestro(s) - our
nueva - new
nueve - nine
nuevo - new
número - number
nunca - never

O

(había) observado - (s/he had) observed
observé - I observed
observó - s/he observed
obvio - obvious

océano - ocean
ochenta - eighty
ocho - eight
ochocientas - eight hundred
octubre - October
ofendían - they offended
ofensivos - offensive
oficial - official
oficiales - officials
oficina - office
ofrecieron - they offered
ofreció - s/he offered
opción(es) - options
opinión - opinion
oponían - they opposed
oportunidad - opportunity
oportunidades - opportunities
opresión - oppression
opresiva - oppressive
opresivo - oppressive
(había) ordenado - (s/he had) ordered
órdenes - orders
organizó - s/he organized
otra - other; another
otra vez - again
otras - other
otro - other; another
otros - other

P

Pacífico - Pacific
padre - father
padres - parents
pagaba - s/he paid
pagaban - they paid
país - country
pánico - panic
para - for; in order
parte - part
participé - I participated
pasaba - I, s/he passed
pasado - past
(habíamos) pasado - (we had) passed
pasando - passing
pasar - to pass; happen
pasaron - they passed
pasé - I passed
pasó - it, s/he passed
patio - patio
pegaban - they hit
pegarle - to hit him
pegaron - they hit
pegó - s/he hit
pegué - I hit
pelea(s) - fight(s)
peleaba - I fought
peleando - fighting
pelear - to fight

peligrosas - dangerous
peligroso - dangerous
pensaba - I, s/he thought
pensábamos - we thought
pensaban - they thought
pensamos - we thought
pensando - thinking
pensé - I thought
pequeña - small
pequeño(s) - small
perdonar - to pardon
perfecto - perfect
período - period
permiso - permission
permite - s/he permits
permitía - s/he permitted
permitían - they permitted
permitiendo - permitting
permitieron - they permitted
permitió - s/he permitted
permitir - to permit
permitirles - to permit them
pero - but
persona - person
personas - people
pesos - pesos
petróleo - petroleum
pinté - I painted
pistola - pistol
plan - plan
plantaciones - plantations
plátano - banana
playa(s) - beach(es)
plaza - plaza
plomero - plumber
pobre(s) - poor; poor people
poca - little
poco - little
pocos - few
podía - I, s/he was able
podíamos - we were able
podían - they were able
podrán - you will be able
podría - I, s/he would be able
podríamos - we would be able
policía - police officer
policías - police
política(s) - political
político - political
políticos - politicians
por - for; through
por fin - at last
porque - because
por qué - why
posibilidad - possibility
posible - possible
posiblemente - possibly
positivo - positive
prácticas - practices

preciosa - precious
prefería - I, s/he preferred
preferían - they preferred
prefieres - you prefer
prefiero - I prefer
prefirió - s/he preferred
pregunté - I asked
preparados - prepared
preparar - to prepare
presentó - s/he presented
preservar - to preserve
presidente - president
primer - first
primera - first
primitivas - primitive
principal - principal
prisión(es) - prison(s)
prisionero(s) - prisoner(s)
privados - private
privilegios - privileges
problema(s) - problem(s)
producíamos - we produced
productivas - productive
producto(s) - product(s)
prohibió - s/he prohibited
promesa - promise
prometí - I promised
pronto - soon
prósperos - prosperous
protección - protection
protesta(s) - protest(s)
protestábamos - we protested
protestaban - they protested
protestar - to protest
protestaron - they protested
provincia - province
provisiones - provisions
provocaban - they provoked
provocación - provocation
provocándome - provoking me
psicológica - psychological
psicológicamente - psychologically
público - public
(que) pudiera - (that) s/he could
(que) pudieran - (that) they could
pudo - s/he could
pueblo - people
puede - s/he is able, can
pueden - they are able, can
puedes - you are able, can
puedo - I am able, can
puerto - port

Q

que - that
qué - what

queremos - we want
quería - I, s/he wanted
queríamos - we wanted
querían - they wanted
quien - who; whoever
(que) quieran - (that) they want
(que) quieras - (that) you want
quiero - I want
(que) quisieran - (that) they wanted

R

raciones - rations
racismo - racism
radio - radio
rancho(s) - ranch(es)
rápidamente - rapidly
rápido - rapid, fast
reales - real
(en) realidad - really, in reality
realmente - really
rebeldes - rebels
rebelión - rebellion
reciben - they receive
recibí - I received
recibía - it received
recibieron - they received
recibimos - we received
recibió - s/he received
recibir - to receive
récord - record
recordar - to remember
recordé - I remembered
reformatorio - reformatory
refrigerador - refrigerator
refugiados - refugees
regresaba - I returned
regresamos - we returned
regresar - to return
(que) regresáramos - (that) we return
regresaría - I would return
regresé - I returned
regresó - s/he returned
relaciones - relations
religión - religion
religiosas - religious
religioso - religious
remamos - we rowed
remar - to row
remen - row!
remotas - remote
(de) repente - suddenly
repetir - to repeat
repetiría - I would repeat
reportaba - s/he reported
reportaban - they reported
reportar - to report
reputación - reputation

resolver - to resolve
respeta - s/he respects
respetable - respectable
respondí - I responded
respondió - s/he responded
reunirse - to reunite
revelarles - to reveal to them
revolución - revolution
(la) Revolución - Castro's formal attempt to make Cuba a communist nation.
revolucionaria - revolutionary
revolucionarios - revolutionary
revoluciones - revolutions
ricos - rich; rich people
robamos - we robbed
rocas - rocks
rurales - rural

S

saber - to know
sabes - you know
sabía - I, s/he knew
sabíamos - we knew
sabían - they knew
sacrificio(s) - sacrifice(s)
salario - salary
salí - I left
salía - I left
(habíamos) salido - (we had) left
(habían) salido - (they had) left
saliendo - leaving
(que) saliera - (that) I, s/he leave
(que) salieran - (that) they leave
salimos - we left
salió - s/he left
salir - to leave
sangre - blood
secreto - secret
secundaria(s) - secondary
seguirte - to follow you
seis - six
semana(s) - week(s)
sentencia - sentence
sentí - I felt
sentía - I felt
separaron - they separated
separarse - to separate
septiembre - September
ser - to be
sería - it would be
serio - serious
servicio - service
sesenta - sixty
setenta - seventy

severa - severe

si - if

sí - yes

(había) sido - (it, s/he had) been

siempre - always

Sierra Maestra - mountain range in southeast Cuba

siete - seven

silencio - silence

simpática - nice

sin - without

Siria - Syria

sistema - system

situación - situation

solamente - solely, only

soldador - welder

solitaria - solitary

solitario - solitary, lonely

solo - only

solución - solution

soviéticos - Soviet

soy - I am

su - its, his, her, their

súbanse - get in

(me) subí - I got in, on

subieron - they loaded, lifted

subimos - we loaded

(nos) subimos - we got in

(se) subió - s/he got in

subir - to get in

sueño - dream

suficiente - sufficient

sufría - s/he suffered

sufrió - s/he suffered

supermercados - supermarkets

supimos - we knew

sus - his, her, their

T

tácticas - tactics

también - also

tampoco - neither

tan - so

tarde - afternoon

te - you

techo - roof

televisión - television

tendríamos - we would have

tenemos - we have

tener - to have

(quien) tenga - (whoever) has

tengo - I have

tenía - I, s/he had

teníamos - we had

tenían - they had

tensa - tense

tensión - tension

(la) tercera (es la vencida) - the third time´s the charm

terrible(s) - terrible

terroristas - terrorist

tiburones - sharks

tiempo - time

tiene - it, s/he has

tienen - they have

tierra - land

tíos - uncles; aunts and uncles

tiraban - they threw

tiramos - we threw

tirar - to throw

tiraron - they threw

tirárselos - to throw them at them

tiré - I threw

título - title

toda(s) - all

todavía - still

todo - all

todos - all; everyone

tolerar - to tolerate

tomaba - I drank

(habían) tomado - (they had) taken

(por haber) tomado - (for having) taken

tomando - drinking

tomar - to drink; take

tomé - I took

tomó - s/he took

tortura - torture

total - total

trabajaba - I worked

trabajábamos - we worked

(había) trabajado - (s/he had) worked

trabajando - working

trabajar - to work

(que) trabajaran - (that) they work

trabajé - I worked

trabajo - work, job

trabajos - jobs

tradición - tradition

tranquilo(s) - tranquil, calm

(fui) transformado - (I was) transformed

(se) transformó en - it turned into

transportación - transportation

transportar - to transport

transporte - transport

trataba - I, s/he tried

(había) tratado - (I had) tried

trataron - they tried

traté - I tried

traumático - traumatic

trece - thirteen

treinta - thirty
tres - three
trescientos - three hundred
triste(s) - sad
tristemente - sadly
tristeza - sadness
tu(s) - your
tú - you
turistas - tourists
turno - turno
tuve - I had
tuvieron - they had
tuvimos - we had
tuvo - s/he had

U

última - ultimate; last
un - a; one
una - a; one
único - only
unida - united
unidad - unit
uniforme - uniform
Unión Soviética - Soviet Union
universidad - university
uno - one
unos - some
usaba - I, s/he used
usábamos - we used
usaban - they used
(había) usado - (I had) used
usar - to use
usarlo - to use it
usé - I used
ustedes - you

V

va - s/he goes, is going
vamos - we go, are going
(nunca) van - you are never going
(nos) van a permitir - they are going to permit us
varias - various, several
varios - various, several
vas - you are going
(que se) vaya - (that) s/he go
(que nos) vayamos - (that) we go
(que se) vayan - let them leave (get out!)
veces - times
vegetación - vegetation
veía - I saw
(se) veía - it appeared
veinte - twenty
veinticinco - twenty-five
veintinueve - twenty-nine
veintisiete - twenty-seven
veintitrés - twenty-three
veintiuna - twenty-one

(la tercera es la) vencida - the third time´s the charm

(no hay mal que por bien no) venga - (there is no bad from which good does not) come (every cloud has a silver lining)

ventanas - windows

veo - I see

ver - to see

verás - you will see

verdad - true

verla - to see her

verlo - to see him

vez - time

vi - I saw

victoria - victory

vida - life

vieron - they saw

vigilaba - s/he watched

vigilaban - they watched

vigilancia - vigilance

vigilando - watching

vigilar - to watch

vimos - we saw

vio - s/he saw

visita - visit

visitaba - I, s/he visited

visitaban - they visited

(he) visitado - (I have) visited

visitar - to visit

vive - s/he lives

viven - they live

vivía - I, s/he lived

vivíamos - we lived

vivían - they lived

(había) vivido - (s/he had) lived

vivieron - they lived

vivimos - we lived

vivió - s/he lived

vivir - to live

voluntarios - volunteers

voy - I go; I am going

Y

ya - already

ya no - no longer

yo - I

Z

zapatos - shoes

Photo Credits

Batista Firing Squad, created in Cuba, now in Public Domain. Source: Museo de la Revolución, en La Habana, Cuba. It appeared in Life Magazine May 1, 1958.

La Coubre March, created in Cuba March 5, 1960, and now in Public Domain. Source: Museo Che Guevara (Centro de Estudios Che Guevara en La Habana, Cuba)

Hand painted mural Cuban flag, Che Guevara, Havana, Cuba Picyrl, Public Domain

Protestas Exodo de Mariel, Public Domain, originally registered in Argentina

Refugees in Mariel Port, Public Domain, taken by personnel of the U.S. Coast Guard

CDR logo, January 2018, Creative Commons CC0 1.0 Universal Public Domain Dedication by Sarang: https://commons.wikimedia.org/wiki/File:BCA_CDR_01c.jpg

Other photos provided by Public Domain repository, Meredith White, Elizabeth Colado, Reynaldo Gonzalez, Scott Cowitt, and Dionisio.

photo: Scott Cowitt

Reynaldo Gonzalez studied at the San Alejandro National School of Fine Arts in Havana, Cuba, and later studied goldsmithing and jewelry making. He left Cuba in August 1994 with 16 friends on a raft made of truck tires, wood and styrofoam. After four harrowing days at sea, his group was rescued by the US Coast Guard and taken to the Guantánamo military base. There he met other artists and developed "Manos en acción," a group to support artists in the refugee camp. Although he worked in a factory during his first years in the US, he was eventually able to return to art, painting murals for Disney, a children´s hospital and private mansions.

Banner for "Manos en acción," a group to support refugee artists

A group of artists in Guantánamo

The "painting department" for the artists of Guantánamo

Reynaldo at work on a painting

"Balseros de noche" by Reynaldo Gonzalez

"Los que se quedaron" by Reynaldo Gonzalez

Scott Cowitt served in the US Navy for 20 years. During the balsero crisis of 1994-1995, he was stationed in Guantanamo Bay, Cuba, where he maintained computers for the security department. He became personally acquainted with many of the Cuban rafters and enjoyed documenting his stay on the base through photography. The photos on the following pages capture life in the camp through the lens of Scott.

Actor Andy Garcia visiting the camp

Operation Sea Signal, a U.S. military humanitarian operation, took place from August 1994 to February 1996. Over 50,000 refugees from Cuba and Haiti were housed at the camp in Guantanamo Bay. The U.S. Coast Guard and Navy rescued refugees from the sea. Soldiers, Airmen, and Marines provided security for the refugee camp at Guantanamo Bay.

Refugees living in the camp at Guantanamo Bay participated in many activities such as playing soccer and creating art. They also received celebrity visitors such as singer Gloria Estéfan and actor Andy Garcia.

LIBERTAD

(Novice-high version)

by

Rita Barrett

Edited by

Carol Gaab

Photo Credits:

Meredith White, Elizabeth Colado,
Reynaldo Gonzalez & Scott Cowitt

ISBN: 978-1-945956-76-8

Fluency Matters, P.O. Box 11624, Chandler, AZ 85248

info@FluencyMatters.com • FluencyMatters.com

Acknowledgements

I have discovered that it takes a village to write a book and I want to say "gracias" to all those who helped make this one a reality:

My students, who gave me a reason to write;

Kade who said, "Profe, you have to write this book!";

Annemarie, Sammy and Kenia for their valuable input;

Scott Cowitt and Reynaldo González for sharing their photos;

Carol Gaab for her insightful and encouraging editing;

and especially to Dionisio, who not only has shared his story for this book, but who year after year shares his language, his culture and his love for young people with my classes.

¡Mil gracias!

Índice

Miami
La Habana
Mariel
CUBA
Baracoa
Guantánamo

Prólogo
Cuba

Soldados de Fulgencio Batista asesinan a un revolucionario, 1956

En 1952 (mil novecientos cincuenta y dos), Fulgencio Batista –un expresidente– tomó el control de Cuba por un golpe militar[1]. Ahora era presidente otra vez. En realidad, Batista fue un dictador brutal. Usaba tácticas terroristas para mantener el control de Cuba.

Batista estableció relaciones con cubanos ricos y con políticos de Estados Unidos. Permitió que Estados Unidos

[1]*golpe militar - military coup*

controlara la economía y la industria del azúcar.

Para muchos de los cubanos que vivían en las ciudades, la vida fue buena durante la dictadura de Batista. Tenían trabajo, comida, casas, escuelas y hospitales. Estados Unidos compraba el azúcar de Cuba y turistas estadounidenses visitaban los casinos y las playas de Cuba.

Fulgencio Batista

Fidel Castro

Los dólares estadounidenses ayudaban mucho a la economía cubana.

Pero para muchos cubanos que vivían en áreas rurales, la vida no era buena. Los dólares estadounidenses no llegaban a las áreas remotas. Muchos cubanos en comunidades rurales no tenían trabajo. No tenían suficiente comida y vivían en casas miserables. No había escuelas ni hospitales para los más pobres.

Durante la dictadura de Batista, había mucha corrupción y racismo en Cuba. Para Fidel Castro, la corrupción no era tolerable. Así que organizó una rebelión. En 1953 (mil novecientos cincuenta y tres), su grupo de rebeldes atacó la fuerza militar de Batista. El ataque fue el comienzo de la Revolución cubana.

Durante la Revolución, Castro vivió en las montañas de la Sierra Maestra. Él observó la diferencia entre los ricos de La Habana y los pobres de las montañas. Quería justicia para la gente pobre que vivía en áreas rurales.

En 1959 (mil novecientos cincuenta y nueve), Castro celebró la victoria de la Revolución y Batista salió de Cuba. En la opinión de muchos cubanos, Castro –o 'Fidel', como lo llamaban los cubanos– era un héroe que tenía la solución a todos los problemas de Cuba. Castro era amigo de los pobres.

Mucha gente adoraba a Castro, pero no todos. En la opinión de muchos cubanos, Castro era otro dictador brutal. Controlaba la política, la economía, la educación, la comunicación y la religión. Miles (1.000s) de personas escaparon de Cuba después de la Revolución. Muchos se fueron a vivir a Miami, Florida. Tenían intenciones de regresar a Cuba... cuando Castro ya no controlara la isla.

Todavía había mucha gente pobre, así que Castro insistía, «¡La Revolución tiene que continuar!». La solución de Castro fue el comunismo, pero el comunismo afectó las relaciones con Estados Unidos. Estados Unidos quería combatir el comunismo.

En 1960 (mil novecientos sesenta), Estados Unidos comenzó un embargo contra Cuba. Los cubanos ya no podían comprar productos de Estados Unidos y los estadounidenses ya no podían comprar productos de Cuba. Los turistas estadounidenses ya no podían visitar Cuba. El embargo causó muchos problemas económicos en Cuba.

Un avión estadounidense vuela sobre un barco soviético en 1962.

La Unión Soviética quería mantener el comunismo en Cuba. Le ofrecía ayuda militar y también compraba azúcar de Cuba. Barcos soviéticos llegaban a Cuba con petróleo, medicinas, comida y materiales industriales. El comunismo en Cuba no se colapsó. Al contrario, Castro tomó el control completo de la isla. Los cubanos ya no podían salir de Cuba. ¡Ahora, todos estaban atrapados en la isla!

Izquierda a derecha: Fidel Castro, Osvaldo Dorticós Torrado, Che Guevara, y otros revolucionarios marchan en La Habana en 1960

Capítulo 1
Mariel

20 de abril de 1980

La Habana, Cuba

– ¡Dionisio! –gritó un amigo–. ¡Fidel[1] decidió que todos los que quieran salir de Cuba pueden salir de la isla! Hay barcos estadounidenses en el puerto de Mariel[2]. ¡Fidel permite que nos vayamos a Estados Unidos!

– ¡¿En serio?! –le respondí–. ¿Fidel permite que

[1]*Fidel - Cubans refer to Fidel Castro by his first name, Fidel.*

[2]*puerto de Mariel - Port of Mariel, about 25 miles west of Havana*

la gente se vaya[3] de Cuba?

Durante toda mi vida, Fidel permitió que muy poca gente saliera de Cuba. ¡Era casi imposible salir! ¿Y ahora dice que la gente cubana puede salir?

Yo vivía con mis padres en la capital, La Habana. La Habana estaba a una hora del puerto de Mariel. Yo quería ir al puerto para ver si realmente había barcos estadounidenses. Pero no solo quería ver los barcos, ¡quería salir de Cuba! ¡Yo también quería buscar un barco para ir a Estados Unidos!

Yo tenía veinte (20) años y estaba frustrado con mi vida en Cuba. Quería mucho a mi familia y me gustaban mucho las montañas y las playas de Cuba. Pero no me gustaba vivir en una dictadura controladora. ¡La opresión era intolerable! Quería libertad.

En abril de 1980 (mil novecientos ochenta) hubo una crisis política en Cuba. Mucha gente fue a la embajada[4] de Perú buscando permiso para salir de Cuba. En pocos días, más de 10.800 (diez mil ochocientas) personas entraron a la embajada. ¡Estuvieron en la embajada durante tres semanas! Era una situación muy inestable. Para resolver la crisis, Fidel dijo que la gente podía salir del

[3]*que la gente se vaya - that the people leave*

[4]*embajada - embassy*

país. Pero yo no estaba convencido: ¿era una trampa[5] o un acto de desesperación para resolver la crisis política? Yo quería ir al puerto de Mariel para ver la situación. Quería confirmar que realmente había barcos estadounidenses en el puerto.

Había rumores de que muchos cubanos –que ahora vivían en Florida– estaban regresando a Cuba para buscar a sus familiares. Navegaban sus barcos a Cuba para llevar a sus familiares a Estados Unidos. Muchos cubanos salían de Cuba para buscar una nueva vida en Estados Unidos. Yo también quería buscar una nueva vida. Quería buscar la libertad.

Refugiados en el puerto de Mariel

[5]*trampa - trap*

Capítulo 2
¡Gusanos!

1° de mayo de 1980

La Plaza de la Revolución en La Habana, Cuba

«¡Fidel, amigo, el pueblo está contigo[1]! ¡Fidel, amigo, el pueblo está contigo!», gritaban miles (1000s) de personas en la plaza.

«Quien no tenga genes revolucionarios, quien no tenga sangre[2] revolucionaria..., ¡NO LO QUEREMOS, NO LO NECESITAMOS!», declaró Fidel con furia.

«¡Que se vayan[3]! ¡Que se vayan los 'gusanos'[4]!», gritaba la gente. Fidel le habló apasionadamente a la multitud en la plaza. Como siempre, continuó hablando durante horas. Fidel defendía la Revolución y criticaba a la gente que quería salir de Cuba. Mucha gente fue a la plaza para escuchar a Fidel, pero yo no. No quería escucharlo porque no me gustaban sus ideas políticas.

[1]*¡Fidel, amigo, el pueblo está contigo! - Fidel, friend, the people are with you!*

[2]*sangre - blood*

[3]*¡Que se vayan! - Get out!*

[4]*gusanos - worms; a derogatory term for people who wanted to leave Cuba*

¡Qué se vayan los gusanos!
¡Cuba, qué linda es Cuba! ¡Sin los gusanos me gusta más!

Salir de Cuba era una decisión difícil porque Fidel consideraba enemigos a todos los que querían salir del país. La gente a favor de Fidel insultaba a los que querían salir de Cuba. Los consideraban antirrevolucionarios y los llamaban 'gusanos'.

Aunque yo estaba nervioso de ser enemigo de Fidel, decidí salir de Cuba. ¡Esta era mi oportunidad! No quería vivir en Cuba con Fidel, ni con la Revolución, ni con el comunismo ni con la opresión. ¡Quería libertad! ¡Quería ir a Estados Unidos!

Mis padres y mis hermanos no querían salir de Cuba. Ellos estaban a favor de Fidel y del comunismo. Así que decidí no revelarle mi plan a mi familia. Mi plan tenía que ser un secreto: ¡mi nueva vida dependía del secreto!

Fui al puerto de Mariel. Había muchos barcos estadounidenses y había mucha gente que quería salir de Cuba. También había mucha gente que estaba a favor de Fidel. Ellos gritaban: «¡Gusanos! ¡Que se vayan! ¡Que se vayan!». La gente a favor de Fidel era muy agresiva.

Observé el puerto durante dos o tres horas. Quería encontrar un barco, pero decidí que necesitaba ver a mi familia una última vez[5]. Posiblemente no iba a regresar

[5]*última vez - last time*

Protestas durante el éxodo de Mariel

a Cuba nunca. Mi plan era simple: ir a casa, ver a mi familia, regresar rápidamente al puerto y salir en secreto en un barco.

Emocionado y nervioso, fui en un autobús a La Habana. Cuando llegué a casa, ¡encontré a mi familia en crisis! Mi hermana exclamó: «Dionisio, ¡Mamá tuvo un ataque al corazón! ¡Tenemos que ir al hospital!». Fuimos rápidamente al hospital para ver a mi madre. Ella estaba en estado crítico. Estaba frágil. Yo sabía que mi plan de salir del país sería[6] traumático para ella. No quería causarle otro ataque al corazón. Quería salir de Cuba, pero mi madre era más importante que mi libertad.

[6]*sería - would be*

Capítulo 3
Un niño de las montañas

1960 - 1972

Las montañas de la provincia de Guantánamo, Cuba

Cuando era niño, mi familia –mi padre, mi madre, mis seis hermanos y yo– vivía en las montañas de la provincia de Guantánamo. La familia de mi padre llegó de España en 1927 (mil novecientos veintisiete). Al llegar a

Cuba, la familia compró mucha tierra[1]. Mis abuelos dividieron la tierra entre sus siete hijos. Todos teníamos ranchos con muchos animales. También teníamos plantaciones de café, cacao y plátano[2].

Aunque no teníamos electricidad en las montañas, ¡no éramos pobres! Teníamos una buena casa y producíamos mucha comida. La gente de la ciudad compraba los productos del rancho y teníamos suficiente dinero para vivir bien.

En 1961 (mil novecientos sesenta y uno), cuando yo tenía un año, una maestra llegó a nuestra área. La maestra era parte de una misión importante de Fidel: educar a la gente de las comunidades rurales. Miles

[1] *tierra - land*

[2] *cacao y plátano - cocoa and banana*

"Cuba será el primer país de América que a la vuelta de algunos meses pueda decir que no tiene un solo analfabeto".

(1.000s) de voluntarios llegaron a las áreas rurales para educar a la gente. La maestra vivía con mi familia. Juntos, mis padres y mis tíos construyeron una pequeña escuela en nuestra comunidad rural. Los niños aprendieron a leer y mis padres y tíos también.

Cuando yo tenía cinco años, mi educación en la escuela comenzó. Estudiaba en la escuela y también trabajaba con mi familia en el rancho. Cuando tenía ocho años, tenía un trabajo muy importante: llevar los productos del rancho a un centro de transporte. Todos los días, a las 4:30 a.m. (cuatro y media de la mañana), yo iba veinte (20) kilómetros con las mulas al centro. Yo regresaba a casa con las mulas a la una de la tarde y

rápidamente salía para la escuela. Estudiaba cuatro horas durante la tarde. Era mucho para un muchacho de solo ocho años. Aunque todos trabajábamos mucho, estábamos contentos en nuestro rancho. Éramos una familia grande, unida y feliz.

Poco a poco, nuestra vida feliz cambió. Fidel tomó más control de la gente. Una parte de su plan de control era eliminar la religión. En 1969 (mil novecientos sesenta y nueve), Fidel prohibió la celebración de la Navidad. Las familias ya no podían juntarse para celebrar. Durante la Navidad, Fidel insistió en que los hombres se fueran a trabajar en las plantaciones de azúcar. Mi familia no se

Catedral de la Habana

juntó para celebrar. Fue una Navidad muy triste.

En 1972 (mil novecientos setenta y dos), cuando yo tenía 12 (doce) años, mis hermanos Rafael y Juan se fueron de la casa. Rafael tenía que hacer tres años de servicio militar. Mi hermano Juan se fue a vivir a La Habana con nuestra abuela para estudiar la secundaria[3]. Ahora solo éramos cinco hijos en la casa: mis tres hermanas, mi hermano José Luis y yo.

En 1972 (mil novecientos setenta y dos) hubo un cambio enorme: Fidel tomó el control de nuestro rancho. A Fidel no le gustaba el capitalismo. En su opinión, no era justo, así que estableció un sistema de 'cooperativas'. Era su plan para hacer todo igual para todos los cubanos. Fidel tomó el control de todos los ranchos privados y los convirtió en cooperativas.

Era muy diferente trabajar para la cooperativa que trabajar para la familia. Ahora teníamos que trabajar muchas horas. Todavía llevábamos los productos del rancho al centro, pero mi familia ya no recibía el dinero. Ahora recibíamos un salario muy pequeño. Ya no podíamos comer los productos del rancho. Teníamos que comprárselos a la cooperativa. Un registro de raciones controlaba lo que podíamos comprar. Ahora, por primera vez, ¡éramos pobres!

[3]*la secundaria - high school*

Un registro de raciones controlaba las compras.

Nuestros ranchos eran muy prósperos. Eran parte de nuestra historia. Mi familia había tenido los ranchos por 45 (cuarenta y cinco) años. Cuando Fidel tomó el control de los ranchos, todo cambió para mí y para mi familia. Mis tíos no podían perdonar a Fidel. Ellos no querían trabajar por el salario miserable de la cooperativa. Así que se fueron a la ciudad de Baracoa para trabajar. Ya no vivíamos todos juntos en nuestras montañas.

Aunque Fidel decía que el comunismo era bueno para Cuba, no era bueno para mi familia. Solo tenía 12 (doce) años, pero tomé una decisión. No quería ser comunista –nunca. Yo prefería la libertad.

Capítulo 4
Un guajiro[1] en La Habana

1973 - 1978

La Habana, Cuba

En 1973 (mil novecientos setenta y tres), cuando yo tenía 13 (trece) años, mi madre, mis hermanos y yo nos fuimos a vivir a La Habana. Mi madre tenía que ayudar a mi abuela porque ella tenía problemas médicos. Mi padre no podía ir con nosotros. Él necesitaba trabajar en el rancho.

Yo estaba emocionado de vivir en la capital. *«¡Voy a tener zapatos!»*, pensé. La gente de la ciudad llevaba zapatos, pero la gente de las montañas no. Me gustaba la idea de ser un muchacho de la capital. En particular, me gustaba la idea de llevar zapatos.

En La Habana, mi madre compró una pequeña casa. ¡Era una casa terrible! Los zapatos ya no me importaban. ¡Yo quería regresar a mi casa en el rancho!

Vivimos en la casa terrible por cuatro meses. Entonces mi padre decidió vivir con la familia en La Habana.

[1] *un guajiro - a rural person in Cuba; a farmer*

Encontró trabajo y construimos una casa más grande. Estábamos felices de estar juntos otra vez.

Estábamos juntos, pero la vida era muy diferente en La Habana. Las montañas de Guantánamo tenían mucha vegetación y mucho espacio. La Habana era una ciudad grande con mucha gente y poco espacio. Fue un gran cambio a nuestra vida en Guantánamo.

En La Habana, mi padre también cambió. Sus amigos del trabajo eran comunistas y siempre hablaban de las grandes ideas de Fidel. A mi padre le gustaba el sistema médico de Fidel, las escuelas y la idea de justicia para todos los cubanos. Después de poco tiempo, mi

La casa que construyó la familia de Dionisio en La Habana

padre decidió ser comunista.

El carácter de mi padre cambió. En el rancho, mi padre era tranquilo; ahora era más agresivo cuando hablaba de sus ideas políticas. Muchos de mis tíos vivían en La Habana ahora, pero ya no querían hablar con mi padre. No les gustaban las ideas comunistas y no podían perdonar a Fidel por robar el rancho de la familia. Ya no éramos una familia unida.

Mi vida también cambió. En La Habana, ya no tenía que trabajar a las 4:30 a.m. (cuatro y media de la mañana). Ahora tenía que ir a la escuela. Me gustaban las clases, pero tenía problemas con los otros estudiantes. Los muchachos de la ciudad no me respetaban. Ellos notaron mi acento diferente. Era obvio que yo no era de la ciudad.

Los muchachos me insultaban. Me llamaban 'guajiro'. También insultaban a mi familia. Un día, ¡un muchacho me dijo insultos muy ofensivos! Al escuchar los insultos horribles, me sentí furioso. Yo le pegué al muchacho. Yo era guajiro, pero era un guajiro fuerte –¡mucho más fuerte que los muchachos de la ciudad! Mi fuerza era el resultado de trabajar en el rancho durante muchos años.

Yo le pegué al muchacho, y el muchacho me pegó

a mí. Continué pegándole. Le pegué y le pegué... Por fin los maestros me separaron del muchacho. Nos llevaron a la oficina y el director llamó a mis padres. Les dijo que él no podía tolerar más violencia.

Para resolver la situación, tenía que hacer una promesa: No pelear más. Realmente no quería pelear más, pero los muchachos eran crueles. Me provocaban constantemente. Me insultaban a mí, a mi madre y a mi hermano José Luis. No podía tolerar sus insultos ofensivos y peleaba mucho. Al final yo tuve una reputación de muchacho agresivo.

Sentía mucho estrés y frustración. Pasaba mucho tiempo en la oficina del director. Mis padres tenían que hablar frecuentemente con él. Ellos estaban frustrados conmigo. No sabían qué hacer para ayudarme.

Al final, el director insistió en que yo fuera a una escuela 'especial'. La escuela 'especial' era un reformatorio para muchachos rebeldes. ¡Era como una prisión! Yo tenía que estudiar y trabajar todo el día. Solo podía visitar a mi familia una semana al año.

Me sentía solo y frustrado. Aunque no me gustaba la prisión, aprendí mucho. Aprendí a trabajar y aprendí que lo que más quería era la libertad.

Capítulo 5
Servicio militar

1978 - 1983

La Habana, Cuba

Después de cuatro años, en 1978 (mil novecientos setenta y ocho), a los 18 (dieciocho) años, salí del reformatorio. Estaba emocionado de regresar a casa, pero me encontré con mi padre furioso.

– ¡¿Qué?! –me gritó–. El director del reformatorio me dijo que te invitó a ser miembro de la

Unión de Jóvenes Comunistas[1], y ¡no aceptaste! ¿En serio? ¿No sabes que los miembros de la Unión reciben muchos privilegios?

– Sí, lo comprendo –le respondí–. Pero no quiero ser parte de un grupo comunista.

– ¡Idiota! –me gritó furioso–. ¡¿No te importan las oportunidades como la universidad y un buen trabajo?!

– Sí, pero no quiero ser parte de la Revolución.

Furioso, ¡mi padre me pegó muy fuerte!

– ¡Mi hijo no va a ser un 'gusano'! –me gritó.

– ¡Prefiero ser un 'gusano' que un comunista agresivo! –le respondí.

Mi padre no podía comprender por qué yo no quería ser comunista como él y como mis hermanos Rafael y Juan. Los dos decidieron ser comunistas y recibieron oportunidades de trabajo –Rafael en el aeropuerto y Juan como policía. Ellos insistían en que yo también necesitaba ser comunista.

No quería tener problemas con mi padre, pero no quería ser comunista. Encontré trabajo de soldador[2], pero no recibía mucho dinero. Cuando regresaba a casa, trataba de no hablar con mi padre ni con mis hermanos.

[1]*Unión de Jóvenes Comunistas - Young Communist League*
[2]*soldador - solderer, welder*

Siempre estaba pensando en cómo escapar de mi horrible vida.

En 1980 (mil novecientos ochenta) yo tenía un plan para salir del país, pero cambié mi plan cuando mi madre tuvo un ataque al corazón. Poco después, recibí mis órdenes para el servicio militar. Como todos los muchachos cubanos, yo tenía que hacer tres años de servicio. Mi padre estaba contento de que, por fin, yo iba a ayudar en la Revolución.

Pero yo no quería ayudar en la Revolución y no quería hacer el servicio militar. ¡Era peligroso[3] estar en la

soldados cubanos

[3]*peligroso - dangerous*

base militar! Había prácticas con bombas y granadas. Las prácticas eran muy peligrosas porque usábamos bombas y granadas reales. ¡A veces uno o dos hombres morían durante las prácticas!

El servicio militar no era solamente para la protección de Cuba contra el enemigo: Estados Unidos. Cuba también ayudaba en otras revoluciones comunistas: en el Congo, Siria y Angola.

Miles (1.000s) de soldados cubanos fueron a Angola, en África, para ayudar en la revolución comunista. Fue un sacrificio para Cuba. Miles (1.000s) de militares cubanos murieron peleando en Angola.

Cuando yo estaba al final de mis tres años de servicio, mi unidad recibió órdenes de ir a Angola. ¿En serio? ¡En una semana más, iba a completar mi servicio militar! Mi hermano Juan pasó dos años en Angola y completó cinco años de servicio militar. ¡Yo no quería extender mi servicio militar! ¡No quería morir en Angola! Había dos posibilidades: morir en una prisión en Cuba o morir en Angola. Decidí que prefería morir en Cuba que en Angola. Hablé con mi comandante.

– No voy a Angola. Mi servicio está casi completo –le dije.

– ¿Qué? –me respondió furioso–. ¡No es tu decisión! Toda tu unidad va a Angola. ¡TÚ vas a

Angola!

– ¡No! ¡No voy a Angola! –insistí–. No quiero pelear contra la gente de África.

– ¿Entonces, prefieres ser antirrevolucionario? –gritó el comandante furioso.

El comandante me llevó a la corte militar. Recibí una sentencia de prisión. Como prisionero político, estaba en una celda solitaria. No podía estar con otros prisioneros y no podía hablar con nadie. Solo me permitían salir 30 (treinta) minutos al día. Pasé una eternidad en mi pequeña celda. Todos los días pensaba en la libertad.

Foto: Anssi Koskinen CC BY 2.0

Capítulo 6
La balsa

1983
La Habana, Cuba

Pasé cinco meses terribles en la celda solitaria de la prisión militar. Por fin, en 1983 (mil novecientos ochenta y tres), a los 23 (veintitrés) años, completé mi sentencia y salí de prisión. Al salir de la prisión, me informaron que todos los 200 (doscientos) hombres de mi unidad militar habían muerto en Angola... ¡Todos! Me sentí muy triste. Estaba feliz de estar libre, pero triste por mis amigos.

Después de salir de prisión, viví con mis padres. Otra vez, trabajaba como soldador. Cuando no estaba trabajando, estaba con muchachas, pasando las noches tomando alcohol y peleando. Peleaba mucho con la gente que me ofendía.

Un amigo me presentó a una muchacha. Se llamaba Reina. Reina era buena persona. Pasé mucho tiempo con ella. La quería mucho, pero nunca hablé con ella de la libertad. Nunca le mencioné que quería ir a Estados Unidos.

Pensaba mucho en los barcos que salieron de Cuba en 1980 (mil novecientos ochenta). También pensaba en los cubanos que ahora vivían en Florida. En 1984 (mil novecientos ochenta y cuatro), hablé con cinco amigos de un plan de escape. Hablamos de la posibilidad de llegar a Florida en una balsa. Sabíamos que era peligroso. Mucha gente trataba de escapar en balsas. Pocos llegaban a Florida y muchos desaparecían. Yo sabía que muchas personas morían en el mar. Pero yo prefería morir en el mar que vivir en Cuba.

Mis amigos y yo construimos una balsa de madera y llantas de camión[1]. Construimos la balsa en secreto. Sabíamos que si la policía nos detectaba, iba a llevarnos a prisión… o a asesinarnos.

No podía revelarles mi secreto ni a Reina ni a mi familia. Mi padre y mis hermanos eran comunistas. Yo no podía hablar de mi plan de escape con nadie. ¡Mi vida dependía de mantener el secreto!

Por fin llegó el día. La balsa estaba completa. Nosotros salimos en secreto durante la noche, porque no queríamos que nadie detectara nuestro escape. Fuimos en silencio hacia el mar.

– ¡Al agua! –dije nervioso.

[1] *una balsa de madera y llantas de camión - a raft made of wood and truck tires*

La balsa no tenía motor. Tuvimos que remar[2]. Remamos y remamos toda la noche. Estábamos exhaustos, pero muy emocionados. «¡En unos minutos vamos a estar en aguas internacionales[3]!», gritó uno de mis amigos. La Guardia Costera cubana no podía arrestarnos en aguas internacionales. Estábamos a solo un kilómetro de aguas internacionales cuando uno de mis amigos gritó: «¡Miren!».

[2]*remar - to row*

[3]*aguas internacionales - international waters*

Miramos hacia[4] la isla y vimos un barco a la distancia. El barco navegaba rápidamente hacia nosotros. «¡Ay, no! ¡Es la Guardia Costera cubana!», gritó mi amigo con pánico. Remamos con toda nuestra fuerza, pero era imposible escapar. ¡Estábamos atrapados!

Los oficiales nos forzaron a subir al barco. Cuando me subí al barco, ¡un guardia me pegó muy fuerte! Yo tenía mucho miedo. ¿Qué iban a hacer con nosotros? ¿Nos iban a asesinar?

La Guardia Costera nos llevó a una prisión en La Habana. Las condiciones en la prisión eran horribles. Era más horrible que la prisión militar. Otra vez, como prisionero político, yo tenía que estar en una celda solitaria. Los guardias abusaban de nosotros todos los días. Nos gritaban y nos pegaban frecuentemente. Nos llamaban 'gusanos', el insulto favorito de los comunistas. En mi celda solitaria, pensaba en la balsa, en el escape y en mi futuro. Fue frustrante saber que yo había estado a solo un kilómetro de la libertad.

[4]*hacia - toward*

Capítulo 7
De prisión a prisión

1984 - 1994

La Habana, Cuba

Las condiciones en la prisión eran horribles. Afortunadamente, yo tuve la oportunidad de salir a trabajar. Fidel necesitaba más prisiones y necesitaba trabajadores[1] para construirlas. Nosotros los prisioneros ayudábamos a construir las prisiones. En el proceso, yo aprendí a ser electricista, plomero y carpintero. Trabajaba durante el día y regresaba a la prisión en la noche.

Reina y yo todavía estábamos juntos. Ella me visitaba en la prisión y a veces, los guardias le permitían pasar la noche conmigo. En 1987 (mil novecientos ochenta y siete) tuvimos una bebé. La llamamos Yeleyn. Yo quería mucho a Yeleyn. Quería vivir con ellas, como familia. Todos los días me preguntaba: *«¿Cuando voy a salir de la prisión?»*.

Después de cinco años, salí de prisión. Fui a vivir con Reina y nuestra bebé en la casa de sus padres. *«Por fin, podemos vivir como familia»*, pensé feliz. Pero el

[1]*trabajadores - workers*

padre de Reina era comunista. Él no quería tener un 'gusano' en su casa y no quería que su hija estuviera con un 'gusano'. Después de pocos días, me dijo que yo ya no podía vivir en su casa. También convenció a Reina de separarse de mí.

Yo ya no tenía dónde vivir. No podía vivir con mis padres. Después de salir de la prisión, mi padre estaba más furioso conmigo –su hijo, el 'gusano'. No tenía dónde vivir y era difícil encontrar trabajo. Nadie quería vivir ni trabajar con un 'gusano'. Yo estaba desesperado.

Aunque mi padre todavía estaba furioso conmigo, al final él me ayudó a encontrar trabajo.

Estaba muy triste. Ahora tenía trabajo, pero no tenía familia. Tenía un poco de dinero para ayudar a Reina con la bebé. Ella me permitía visitarla una vez por semana, pero yo estaba frustrado. Quería vivir con ellas como familia.

También tenía otro problema: Yo era enemigo de Fidel. Los espías de Fidel me observaban intensamente. ¡Los espías observaban a todos los 'gusanos'! Fidel tenía un sistema de vigilancia en todas las ciudades: el Comité de la Defensa de la Revolución, o CDR. Voluntarios del CDR observaban a la gente y reportaban toda actividad 'antirrevolucionaria'. El CDR sabía de todas mis actividades y reportaba todo a la policía. Cuando yo pasaba por la ciudad, siempre había un miembro del CDR detrás de mí[2]. El CDR también observaba a las personas que hablaban conmigo. Poca gente quería hablarme... Tenían miedo de asociarse con un 'gusano'.

No solo los voluntarios del CDR informaban a los oficiales de actividades antirrevolucionarias; la gente comunista también informaba a los oficiales. Yo tenía miedo del CDR y de los comunistas en general. Pero yo

[2]*detrás de mí - after me, behind me*

tenía más miedo de mis hermanos.

José Luis se convirtió al comunismo durante su servicio militar y Rafael era un comunista muy agresivo. Tenía miedo de los dos, pero yo tenía más miedo de mi hermano Juan. Después de completar el servicio militar, Juan se preparó para ser policía. También estudió leyes[3] en la Unión Soviética durante seis años. ¡Juan era un comunista dedicado y peligroso! Él tenía una pistola y yo sabía que era muy posible que él me asesinara.

Yo ya no estaba en prisión, pero la isla era mi prisión. Me sentía muy solitario. No tenía a nadie… ni familia ni a una persona que me ayudara a encontrar la libertad.

[3]*leyes - law*

Capítulo 8
La protesta

1991 - 1994

La Habana, Cuba

La Unión Soviética ayudó a Cuba por muchos años, pero en 1991 (mil novecientos noventa y uno) la Unión Soviética se colapsó. La Unión Soviética ya no existía y ya no podía ayudarnos con el petróleo. Ya no compraban azúcar, el producto más importante de Cuba. Eso causó una crisis económica en Cuba.

Fidel todavía quería defender la Revolución. El dictador dijo que era necesario hacer sacrificios durante este 'periodo especial'. Ahora, las bicicletas eran el transporte principal porque no había gasolina para los carros. Mucha gente sufrió de malnutrición porque no había suficiente comida. Había muchos problemas sociales y mucha tensión política.

Un día, el CDR decidió que José Luis era antirrevolucionario. Ahora él era considerado un enemigo de Fidel. José Luis no sabía por qué. Ahora, él y yo éramos iguales: éramos antirrevolucionarios.

La crisis económica continuó. Para escaparme de los problemas, tomaba mucho alcohol y pasaba tiempo con muchachas. Un día, me encontré con una muchacha atractiva. Ella se llamaba Marisa. Me gustaba mucho. En 1992 (mil novecientos noventa y dos) me fui a vivir con Marisa y en 1993 (mil novecientos noventa y tres) tuvimos un bebé. Lo llamamos Dioni. Él era un niño adorable. Me sentí feliz de ser padre otra vez. ¿Pero qué futuro iban a tener mis dos hijos? Estaba muy frustrado.

Mi madre siempre me decía que yo necesitaba buscar a Dios. Me decía que Dios tenía un plan para mi vida. Yo no quería escuchar a mi madre. Yo tenía un plan para mi vida. Mi plan era vivir en libertad. El plan de Dios no me importaba.

La crisis económica continuó por mucho tiempo. Después de años de miseria y opresión, la desesperación de la gente llegó al máximo. El cinco de agosto de 1994 (mil novecientos noventa y cuatro), ocurrió una protesta masiva. Cientos (100s) de personas fueron al puerto de La Habana para protestar. Yo también fui. Todos corrimos por la ciudad. Les tiramos rocas a los policías y gritamos:

– ¡Libertad! ¡Libertad! ¡Abajo Fidel[1]! ¡Abajo el comunismo!

[1] *¡Abajo Fidel! - Down with Fidel!*

Entonces llegaron más policías armados. Los policías trataron de arrestarnos. Toda la gente gritaba y corría para escapar de los policías armados. Yo tenía miedo y corrí de los policías. En ese momento vi una cloaca[2]. Desesperado, entré en la horrible cloaca para escaparme. Tenía mucho miedo. *«¿Me vieron los policías?»*, me pregunté. Afortunadamente, los policías no me vieron. Aunque me escapé de los comunistas esta vez, sabía que todavía no estaba en libertad.

[2]*cloaca - sewer*

Capítulo 9
El barco

13 - 29 de agosto de 1994
La Habana, Cuba

Después de la protesta masiva, hubo una crisis política en Cuba. La gente ya no toleraba la opresión de la dictadura y continuó protestando. ¡Muchos querían la libertad! Para resolver la crisis, Fidel decidió permitir que los cubanos salieran del país. Inmediatamente, muchas personas comenzaron a hacer balsas. ¡Querían salir de Cuba! Yo también quería salir.

– Quiero salir de Cuba –le dije a Marisa–. Quiero ir a Estados Unidos. Esta es mi oportunidad de buscar una nueva vida para nuestra familia.

– ¡Es muy peligroso escapar en una balsa! –me dijo Marisa.

– No voy a construir una balsa –le dije–. Soy soldador. ¡Voy a construir un barco de metal!

– ¿Cómo vas a encontrar el metal para hacer un barco? –respondió Marisa.

–Vas a ver... ¡voy a encontrarlo!

Poco después, vi una parte de un autobús. Era el techo[1]. Miré el techo y pensé: «*No es un techo de un autobús... ¡Es un barco!*». Con el techo del autobús, comencé a construir un barco. Abandoné mi trabajo normal. ¡Ahora mi trabajo era construir el barco!

Aunque Marisa no quería salir en el barco con nuestro pequeño bebé, su padre y su hermano decidieron ir conmigo. Construimos el barco en su casa. Mi hermano José Luis me ayudó también. Varias personas querían ir conmigo, pero solo las personas que me ayudaran con el barco podían ir. Un amigo tomó el motor de su carro para usarlo en el barco. Durante una semana, trabajé todos los días en el barco. En solo una semana ¡el barco estaba completo! ¡Ya era hora de irnos!

Decidí informar a mis padres que iba a salir del país. Sabía que mis padres no iban a estar contentos. Nervioso, yo fui a la casa para hablar con mi padre. Yo sabía que mi madre no estaba en casa. Llegué a la casa y encontré a mi padre. Le informé que me iba de Cuba. También le informé que José Luis –el hijo favorito de mis padres– se iba conmigo. Mi padre me respondió:

[1]*techo - roof*

– Cuida[2] a tu hermano.

No me dijo más. Nunca me dijo: «Adiós».

Cuando mi padre le informó a mi madre, ¡ella estaba furiosa! ¡Estaba furiosa de que José Luis se iba a ir conmigo! Ella fue a la casa de Marisa para hablar conmigo.

– Si llevas a José Luis contigo, ¡ya no soy tu madre! –me gritó furiosa.

– Mamá –le respondí–, José Luis es un adulto. No lo estoy forzando a irse. Es su decisión.

Yo no quería que mi madre estuviera triste, pero no quería pasar ni un día más en Cuba. No quería abandonar a mi familia, pero ¡quería ser libre! José Luis también tenía familia; tenía una esposa y dos niños pequeños. Él estaba muy triste. No quería ver a su familia antes de salir.

– Si los veo, no voy a salir, –me dijo.

Mi hija, Yeleyn, ahora tenía seis años. Normalmente yo la visitaba todas las semanas. Quería verla antes de salir de Cuba, pero Reina no me lo permitió. Ella tenía miedo... No quería que yo me llevara a Yeleyn a Estados Unidos.

[2]*cuida - take care (of)*

Mi madre estaba muy triste. Ella le informó a Juan– nuestro hermano policía– que nos íbamos a ir. Ella insistió en que Juan hablara conmigo. Mi madre no sabía que Juan estaba furioso conmigo –su hermano 'gusano'. Juan tenía problemas en su trabajo porque tenía un hermano antirrevolucionario. Juan quería buscarme… ¡para arrestarme!

Juan fue a buscarme a la casa de los padres de Marisa. Afortunadamente, yo no estaba en casa. Cuando regresé, el padre de Marisa me informó que Juan me estaba buscando. Yo sabía por qué mi hermano me estaba buscando. ¡Era urgente! ¡Yo tenía que escaparme ahora!

Pasé la noche en la casa de un amigo para escaparme de Juan. El día 29 (veintinueve) de agosto, mis amigos llevaron el barco al mar. Yo no fui con ellos. Fui solo, en secreto. Al llegar a la costa, hablé con Dios: «Dios, ayúdame, por favor. Si puedo salir de Cuba, voy a seguirte[3]». Fue una promesa sincera. Me pregunté: *«¿Dios va a ayudarme a encontrar la libertad?»*.

[3]*voy a seguirte - I am going to follow you*

Capítulo 10
¡La tercera es la vencida[1]!

29 de agosto de 1994
La Habana, Cuba

José Luis, mis amigos y yo nos juntamos en el puerto. Éramos 21 (veintiuno) en total. Subimos todas las provisiones al barco. Planeábamos llegar a Florida en un día, pero tomamos precauciones: llevábamos comida, limón, azúcar y agua para tres días. Estábamos preparados para todo.

Nerviosos y emocionados, comenzamos a subirnos al barco. Uno de los hombres de nuestro grupo se subió al barco con su esposa y sus dos hijos.

– ¡Eh! ¿Qué hacen?, –gritó una voz furiosa.

¡Era la policía!

– ¡Los niños no pueden salir del país! ¡Los niños tienen que ir a la escuela!, –gritó el policía.

Mi amigo y su esposa hablaron con el policía. Todos gritaban y los niños lloraban. El policía estaba firme. Los

[1]*la tercera es la vencida - the third time is the charm*

niños no podían irse. Al final, mi amigo decidió salir solo.

– En poco tiempo ustedes van a poder ir también, –le dijo el hombre a su familia.

Todos lloraban. Tristemente, el hombre se subió al barco y abandonó a su familia. La familia lloraba descontroladamente.

En el mar había muchas balsas y barcos pequeños. También había gente desesperada que solo flotaba en llantas de camión. Miré hacia la isla y pensé: *«¡La tercera es la vencida!»*. Después de tratar de salir tres veces, ¡por fin me escapé de Cuba! ¡Por fin era libre!

– ¡Libertad!– grité –¡Libertad!

Navegamos en el barco rápidamente. No queríamos ser capturados por la Guardia Costera cubana otra vez. Queríamos llegar a aguas internacionales, donde Fidel ya no tenía control.

Nerviosos, miramos hacia la isla. Buscábamos a la Guardia Costera cubana. Continuamos hacia la línea invisible de las aguas internacionales. Por fin, llegamos a la línea.

– Ya llegamos a aguas internacionales! ¡Libertad! –gritamos felices.

Era un día tranquilo y no tuvimos problemas con el barco. Fue el día más perfecto y feliz de mi vida. Navegamos rápidamente durante cuatro horas. A las cinco de la tarde, cuando estábamos a sesenta y cinco (65) kilómetros de Cuba, pudimos ver muchos barcos a la distancia. ¿Había barcos de la Guardia Costera cubana en aguas internacionales?

Llegamos a donde estaban los barcos. No eran barcos cubanos; ¡eran barcos de Estados Unidos! En estado de shock, los miramos en silencio. ¿Qué estaba pasando? ¿Íbamos a entrar al país de la libertad?

Un barco de la Guardia Costera de Estados Unidos

Capítulo 11
Guantánamo

29 de agosto de 1994 - febrero de 1995
El mar entre Cuba y Florida

– ¡Súbanse al barco!– gritó un oficial de la Guardia Costera por un megáfono.

Sentí un déjà vu. Otra vez, la Guardia Costera nos interceptó antes de llegar a la costa de Florida. Esta vez, fue la Guardia Costera de Estados Unidos.

Abordamos el barco. ¡Era enorme! Hablamos con otros balseros en el barco de nuestras experiencias. Vimos balsas abandonadas y sabíamos que muchos cubanos habían muerto tratando de salir de Cuba. Todos estábamos desilusionados. Una vez más, casi era libre.

Los oficiales de la Guardia Costera subieron a más y más balseros. Después de dos días, ¡había seis o siete mil (6.000-7.000) balseros en el barco! Nos informaron que los cubanos que llegaban a las aguas de los Estados Unidos no tenían permiso para entrar al país. ¡Todos los cubanos atrapados en el mar tenían que regresar a Cuba! Teníamos dos opciones: Regresar a La Habana o ir a la

base militar estadounidense de Guantánamo. Yo realmente no tenía opción. Regresar a Cuba era imposible para un 'gusano' como yo.

El cuatro de septiembre entramos a la base de Guantánamo. Al entrar, un militar estadounidense nos dijo:

– ¡Ustedes nunca van a entrar a Estados Unidos!

Estábamos frustrados. *«No es lógico. Los estadounidenses no pueden mantener a miles (1.000s) de personas en una base militar para siempre»*, pensé.

En la base de Guantánamo, no era posible comunicarnos con nuestras familias. Nadie sabía que estábamos atrapados en la base estadounidense. Pensábamos que íbamos a ir a Estados Unidos después de unas pocas semanas, pero pasaron varias semanas y todavía estábamos en Guantánamo. Estados Unidos no quería recibir a miles (1.000s) de refugiados. No quería repetir la situación de 1980 (mil novecientos ochenta) cuando 125.000 (ciento veinticinco mil) cubanos navegaron a Florida.

Había 35.000 (treinta y cinco mil) cubanos en la base, incluyendo adultos y niños. Las condiciones en Guantánamo eran muy primitivas. Vivíamos en carpas[1] y comíamos raciones militares. No había suficiente agua y la comida era horrible. Los oficiales estadounidenses

[1]*carpas - tents*

Las carpas en la base militar de Guantánamo
foto: Scott Cowitt

preferían que nosotros, los refugiados, regresáramos a Cuba. ¡José Luis y yo no podíamos regresar! Nos preguntamos: *«¿Tenemos que vivir para siempre en la base estadounidense?»*.

Había mucha gente en la base de Guantánamo. Así que en octubre, los militares les permitieron a 10.000 (diez mil) balseros ir a otra base militar en Panamá. José Luis y yo decidimos ir. El nueve de octubre, salimos de Cuba en avión. ¡Estábamos muy emocionados! Era nuestra primera vez en un avión.

Me gustaba mucho más la base en Panamá. Ya no comíamos raciones militares y nos permitieron escribirles cartas[2] a nuestras familias. Por fin, pude comunicarme con mi familia. Le escribí a mi madre y a Marisa para decirles que estábamos bien en Panamá. Después me informaron que todos pensaban que habíamos muerto en el mar.

Yo estaba contento en Panamá, pero otros balseros no. El nueve de diciembre, 1.000 (mil) balseros protestaron en la base de Panamá. Muchos balseros les tiraron rocas a los militares estadounidenses y varios se escaparon de la base. Resultó en que Panamá decidió que todos los balseros tenían que salir. Yo no participé en la protesta, pero todos fuimos expulsados.

En febrero, después de solo cuatro meses en Panamá, regresamos a Cuba. Otra vez yo estaba en la base de Guantánamo, pensando en la libertad.

[2]*cartas - letters*

Capítulo 12
Libre

Mayo de 1995
La base militar estadounidense de Guantánamo, Cuba

La hermana de Reina (que se escapó en otra balsa) y Dionisio en la playa en Guantánamo

Pasaron los meses y todavía no había una solución política al problema de los balseros cubanos en Guantánamo. Fidel no quería a los 'gusanos' y el Presidente Bill Clinton no quería recibir a miles (1.000s) de refugiados. Un año pasó y ¡todavía estábamos en la base! Estábamos desesperados.

Los militares estadounidenses trataron de normalizar nuestra situación. Construyeron escuelas para los niños, nos donaron materiales de arte y por fin, nos permitieron ir a la playa. Ahora, también nos permitían escribirles cartas a nuestras familias.

Un día recibí una carta de Marisa. Estaba emocionado de por fin recibir una carta, pero mi entusiasmo se convirtió en tristeza. ¡Marisa quería separarse de mí! Me dijo que yo nunca iba a llegar a Estados Unidos. El 1° (primer) día en Guantánamo, un militar nos dijo que nunca íbamos a ir a Estados Unidos. Ahora Marisa también me lo decía. Frustrado, tiré la carta.

En el pasado, yo usaba el alcohol para escapar de mis problemas. Si estaba frustrado, tomaba alcohol. Si estaba triste, tomaba alcohol. También tomaba si estaba feliz. Realmente era un alcohólico. La carta de Marisa era una buena excusa para tomar. Pero en las bases de Guantánamo y de Panamá, no había alcohol. Ahora tenía que aprender a resolver mis problemas sin alcohol.

Cuando regresé de Panamá, comencé a leer la Biblia. La leí por primera vez en mi vida. No quería ser religioso. No me gustaba la religión. Pero cuando leía la Biblia, me sentía libre psicológicamente; sentía esperanza[1]. Todavía tenía problemas en mi vida: estaba atrapado en la isla y Marisa ya no me quería. Pero estaba contento. Me sentía tranquilo. Por fin, había encontrado la libertad.

Tributo a los balseros en la base militar de Guantánamo
foto: Scott Cowitt

[1]*esperanza - hope*

Capítulo 13
Ohio no tiene playa

Mayo de 1995 - enero de 1996
La base estadounidense de Guantánamo, Cuba

La crisis política continuó. Había protestas en Miami y en Guantánamo. Por fin, en mayo de 1995 (mil novecientos noventa y cinco), el Presidente Bill Clinton anunció que los cubanos en Guantánamo podían ir a Estados Unidos. Todos los balseros en la base celebramos el anuncio. ¡Por fin íbamos a salir de Guantánamo!

Solo ciento veinticinco (125) personas podían salir en un avión al día. Todos recibimos un número que indicaba el día cuando podíamos salir. José Luis y yo no podíamos salir inmediatamente porque José Luis recibió el número 5.000 (cinco mil).

Durante este tiempo en la base, traté de preservar la memoria de mis experiencias. Quería recordar mi escape de Cuba, mi barco que se llamaba 'Libertad'. También quería recordar a las 18 (dieciocho) personas que escaparon conmigo y a las que vivían conmigo en la base en

Guantánamo. Así que decoré una camiseta[1] con mi barco y mi comunidad en la base. Siempre iba a recordar a los amigos que habían pasado por esta experiencia conmigo.

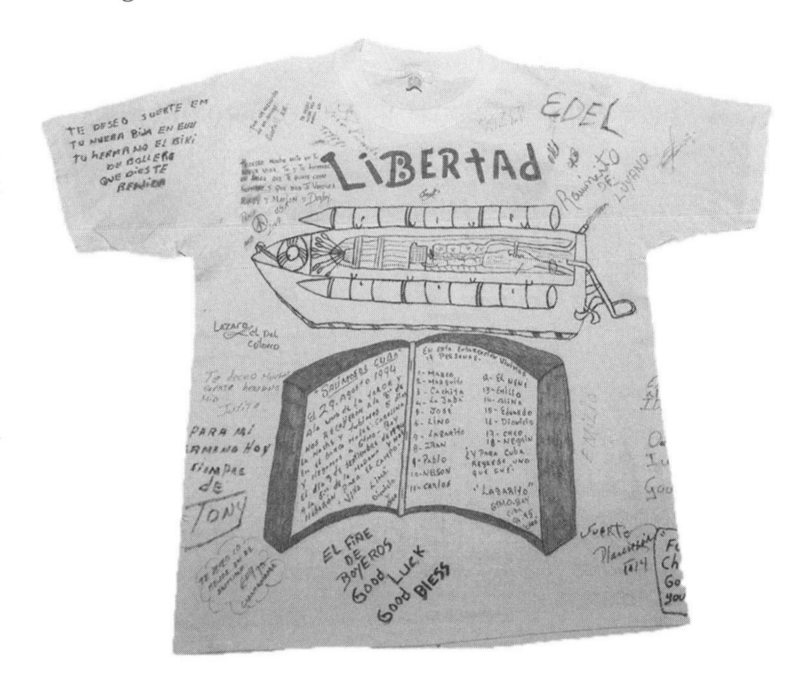

¡Por fin llegó el gran día! El 14 (catorce) de noviembre de 1995 (mil novecientos noventa y cinco), José Luis y yo subimos al avión para ir a Estados Unidos. Tomé la camiseta y lo poco que yo tenía y me subí al avión con José Luis. Estábamos muy emocionados cuando llegamos

[1]*camiseta - t-shirt*

a Miami. ¡Por fin estábamos en Estados Unidos!

Pasamos dos semanas en un hotel en Miami. Florida no podía recibir a todos los refugiados cubanos. Solo los que tenían familia en Florida podían vivir en el estado.

José Luis y yo no teníamos familia en Estados Unidos, así que no podíamos vivir en Florida. Teníamos dos opciones: vivir en Ohio o vivir en Oregón. José Luis y yo miramos el mapa de los Estados Unidos. Vimos que Ohio no tenía playa, pero Oregón, sí. Nosotros adorábamos la playa, así que decidimos vivir en Oregón.

Llegamos a Portland, Oregón en diciembre. La oficina de ayuda a los refugiados nos ayudó a encontrar una casa. Yo vivía con José Luis y con otros dos refugiados cubanos.

Ahora, nuestro trabajo era aprender inglés. ¡Era muy difícil! Fuimos a clases durante tres meses y poco a poco, aprendimos la lengua de nuestro nuevo país. Recibíamos $300 (trescientos dólares) al mes por ir a las clases de inglés. Mi familia en Cuba necesitaba el dinero más que yo. Así que $100 (cien dólares) eran para mi madre, $50 (cincuenta dólares) para Yeleyn y $50 (cincuenta dólares) para Dioni.

En enero, José Luis y yo fuimos a la playa con nuestros amigos cubanos. Yo estaba muy emocionado de visitar la playa de Oregón. Quería ver el Océano Pacífico, pero cuando llegué, aprendí que la playa en Oregón era muy diferente a la playa en Cuba. El agua estaba fría, ¡muy fría!

Sí, el agua estaba fría y yo prefería el clima de Cuba, pero estaba súper feliz de estar en mi nuevo país… un país con libertad.

La costa de Oregón

Epílogo
"No hay mal que por bien no venga[1]"

Cuando llegué a Oregón, recordé mi promesa a Dios. Fui a una iglesia[2] y estudié la Biblia con dos personas de la iglesia. Una de ellas era amigable y atractiva. Se llamaba Annette y ¡ahora es mi esposa! Annette y yo tenemos dos hijos: Ali y Alex.

En el 2001 (dos mil uno) regresé a Cuba con mi familia para visitar a mis hijos, a mis padres y a mis hermanos. Mi hermano Juan todavía estaba furioso conmigo. Me llamó 'gusano' y... ¡me pegó! Después, lloró y confesó: «Qué bueno que te fuiste, porque sin tus dólares, habríamos muerto de hambre[3]».

Mi familia observó el cambio de mi vida y de mi carácter. Ya no era alcohólico y ya no peleaba con la gente. Fui transformado. Yo había cambiado, pero todavía me consideraban un 'gusano'. Ahora la gente cubana me

[1]*No hay mal que por bien no venga - Every cloud has a silver lining; There is no bad from which good does not come*

[2]*iglesia - church*

[3]*habríamos muerto de hambre - we would have died of hunger*

Dionisio con su esposa Annette

llama el *gusano estadounidense*. Todavía soy un 'gusano', pero ya no tengo miedo de los espías de Fidel.

Yeleyn y Dioni querían vivir en Estados Unidos con nosotros. Fue difícil, pero por fin, en el 2005 (dos mil cinco), recibieron los documentos para salir de Cuba. Ahora Dioni vive en Oregón y mi hija Yeleyn y su madre, Reina, viven en Florida.

Mi hermano José Luis no pudo tolerar el clima de Oregón y ahora vive con su familia en Florida. Dos de mis hermanas también viven en Florida, pero Rafael, Juan y otra hermana todavía están en Cuba. Mi madre pasó

seis meses en mi casa en Oregón en el 2010 (dos mil diez), pero prefirió vivir en Cuba. En el 2012 (dos mil doce), tristemente, murió. Yo fui a Cuba para el funeral.

Mi padre siempre dijo que Fidel era un buen presidente con buenas ideas para Cuba. Murió en 2018 (dos mil dieciocho). Murió comunista.

En Oregón trabajo de soldador, carpintero y plomero, los trabajos que aprendí en el reformatorio y en la prisión en Cuba. Como decimos: No hay mal que por bien no venga. Al final, lo negativo de mi pasado se transformó en algo[4] positivo para mi vida en la libertad.

[4]*algo - something*

Glosario

A

a - to; at
abajo - below, under
abandonadas - abandoned
abandonar - to abandon
abandoné - I abandoned
abandonó - s/he abandoned
abordamos - we boarded
abril - April
abuela - grandmother
abuelos - grandparents
abusaban - they abused
acento - accent
aceptaste - you accepted
actividad - activity
actividades - activities
acto - act
adiós - goodbye
adoraba - s/he adored
adorábamos - we adored
adorable - adorable
adulto(s) - adult(s)
aeropuerto - airport
afectó - it affected
afortunadamente - fortunately
agosto - August
agresiva - aggressive
agresivo - aggressive
agua(s) - water(s)
ahora - now
al - to the
alcohol - alcohol
alcohólico - alcoholic
algo - something
amigable - friendly
amigo(s) - friend(s)
animales - animals
año(s) - year(s)
antes - before
antirrevolucionaria(s) - anti-revolutionary
antirrevolucionario(s) - anti-revolutionary
anuncio - announcement
anunció - s/he announced
apasionadamente - passionately
aprender - to learn
aprendí - I learned
aprendieron - they learned
aprendimos - we learned
área(s) - área(s)
armados - armed
arrestarme - to arrest me
arrestarnos - to arrest us
arte - art
asesinar - to assassinate, murder

asesinarme - to murder me
asesinarnos - to murder us
así que - so
asociarse - to associate
atacó - s/he attacked
ataque - attack
atractiva - attractive
atrapado(s) - trapped, caught
aunque - although
autobús - bus
avión - airplane
ay - oh
ayuda - help; s/he helps
ayudaba - s/he helped
ayudábamos - we helped
ayudaban - they helped
ayúdame - help me
ayudar - to help
(que me) ayudara - (that) s/he help (me)
(que me) ayudaran - (that) they helped (me)
ayudarme - to help me
ayudarnos - to help us
ayudó - s/he helped
azúcar - sugar

B

balsa(s) - raft(s)
balseros - rafters
Baracoa - city in Guantanamo Province of Cuba
barco(s) - boats
base(s) - base(s)
bebé - baby
biblia - Bible
bicicletas - bicycles
bien - well
bombas - bombs
brutal - brutal
buen - good
buena(s) - good
bueno - good
buscábamos - we were searching for
buscando - searching for
buscar - to search for
buscarme - to search for me

C

cacao - cocoa
café - coffee
(había) cambiado - I had changed
cambié - I changed
cambio - change
cambió - it, she/he changed
camión - truck
camiseta - t-shirt
capital - capital

capitalismo - capitalism
capítulo - chapter
capturados - captured
carácter - character
carpas - tents
carpintero - carpenter
carro(s) - car(s)
carta(s) - letter(s)
casa(s) - house(s)
casi - almost
casinos - casinos
catorce - fourteen
causarle - to cause her
causó - s/he caused
celda - cell
celebración - celebration
celebramos - we celebrated
celebrar - to celebrate
celebró - s/he celebrated
centro - center
cien - one hundred
ciento - one hundred
cinco - five
cincuenta - fifty
ciudad - city
ciudades - cities
clases - classes
clima - climate, weather
cloaca - sewer
colapsó - it collapsed
comandante - commander
combatir - to combat
comencé - I began
comenzamos - we began
comenzaron - they began
comenzó - it began
comer - to eat
comíamos - we ate
comida - food
comienzo - beginning
comité - committee
como - like; as
cómo - how
completa - complete
completar - to complete
completé - I completed
completo - complete
completó - s/he completed
compraba - s/he bought
compraban - they bought
comprar - to buy
comprárselos - to buy them
comprender - to understand
comprendo - I understand
compró - s/he bought
comunicación - communication
(no pude) comunicarme - (I was not able) to communicate

(no era posible) comunicarnos - (it was not possible for us) to communicate

comunidad - community

comunidades - communities

comunismo - communism

comunista(s) - communist(s)

con - with

condiciones - conditions

confesó - s/he confessed

confirmar - to confirm

conmigo - with me

consideraba - s/he considered

consideraban - they considered

considerado - considered

constantemente - constantly

construimos - we built

construir - to build

construirlas - to build them

construyeron - they built

contento(s) - content, happy

contigo - with you

continuamos - we continued

continuar - to continue

continué - I continued

continuó - it, s/he continued

contra - against

(al) contrario - on the contrary

control - control

controlaba - it, s/he controlled

controladora - controlling

controlara - controlled

(que) controlara - (that) it control

(cuando) controlara - (when) s/he controlled

convencido - convinced

convenció - s/he convinced

(se) convirtió - it, she/he became

cooperativa(s) - cooperative(s)

corazón - heart

corrí - I ran

corría - I, s/he ran

corrimos - we ran

corrupción - corruption

corte - court

costa - coast

costera - coast

crisis - crisis

criticaba - s/he criticized

crítico - critical

crueles - cruel

cuando - when

cuarenta - forty

cuatro - four

cubana(s) - Cuban

cubanos - Cubans; Cuban

cuida - take care

D

de - of; from

decía - s/he said

decidí - I decided

decidieron - they decided

decidimos - we decided

decidió - s/he decided

decimos - we said

decirles - to tell them

decisión - decision

declaró - s/he declared

decoré - I decorated

dedicado - dedicated

defender - to defend

defendía - s/he defended

defensa - defense

déjà vu - déjà vu

del - of the; from the

dependía - it, she/he depended

desaparecían - they disappeared

descontroladamente - uncontrollably

desesperación - desperation

desesperada - desperate, despairing

desesperado(s) - desperate, despairing

desilusionados - disillusioned, disappointed

después - after, afterward

detectaba - s/he detected

(que) detectara - (that) s/he detect

detrás - behind

día(s) - day(s)

dice - s/he says

diciembre - December

dictador - dictator

dictadura - dictatorship

dieciocho - eighteen

diez - ten

diferencia - difference

diferente - different

difícil - difficult

dije - I said

dijo - he said

dinero - money

Dios - God

director - director, principal

distancia - distance

dividieron - they divided

doce - twelve

documentos - documents

dólares - dollars

donaron - they donated

donde - where

dónde - where

dos - two

doscientos - two hundred

durante - during

E

economía - economy

económica - economic

económicos - economic

educación - education

educar - to educate

el - the

él - he

electricidad - electricity

electricista - electrician

eliminar - to eliminate

ella - she

ellas - they

ellos - they

embajada - embassy

embargo - embargo

emocionado(s) - excited

en - in; on; at

(había) encontrado - (I had) encountered, found

encontrar - to encounter, find

encontrarlo - to encounter, find it

encontré - I encountered, found

encontró - s/he encountered, found

enemigo - enemy

enemigos - enemies

enero - January

enorme - enormous

entonces - then

entramos - we entered

entrar - to enter

entraron - they entered

entre - between

entré - I entered

entusiasmo - enthusiasm

era - it, she/he, I was

éramos - we were

eran - they were

es - it, she/he is

escapar - to escape

escaparme - to escape

escaparon - they escaped

escape - escape

escapé - I escaped

escribí - I wrote

escribirles - to write to them

escuchar - to hear, listen

escucharlo - to listen to him

escuela(s) - school(s)

ese - that

eso - that

espacio - space

España - Spain

especial - special
esperanza - hope
espías - spies
esposa - wife
esta - this
está - it, she/he is
estaba - it, she/he, I was
estábamos - we were
estaban - they were
estableció - s/he established
estado - state
(había) estado - I had been
Estados Unidos - the United States
estadounidense(s) - from the U.S.
están - they are
estar - to be
este - this
estoy - I am
estrés - stress
estudiaba - I studied
estudiantes - students
estudiar - to study
estudié - I studied
estudió - s/he studied
(que) estuviera - (that) she be
estuvieron - they were
eternidad - eternity
exclamó - s/he exclaimed
excusa - excuse
exhaustos - exhausted
existía - it existed
experiencia(s) - experience(s)
expresidente - ex-president
(fuimos) expulsados - we were expelled
extender - to extend

F

familia - family
familiares - family members
familias - families
(a) favor de - (in) favor of
favorito - favorite
febrero - February
felices - happy
feliz - happy
final - end
firme - firm
flotaba - it, she/he floated
forzando - forcing
forzaron - they forced
frágil - fragile
frecuentemente - frequently
fría - cold
frustración - frustration
frustrado(s) - frustrated
frustrante - frustrating
fue - it, she/he went; was

(que yo) fuera - (that) I go
(que) fueran - (that) they go
fueron - they went
fuerte - strong
fuerza - strength
fui - I went
fuimos - we went
(nos) fuimos - we left
fuiste - you went
funeral - funeral
furia - fury
furiosa - furious
furioso - furious
futuro - future

G

gasolina - gasoline
general - general
genes - genes
gente - people
golpe militar - military coup
gran - great; big
granadas - grenades
grande(s) - big
gritaba - s/he shouted
gritaban - they shouted
gritamos - we shouted
grité - I shouted
gritó - s/he shouted
grupo - group
guajiro - Cuban farmer; rural person
Guantánamo - province of southeast Cuba
guardia(s) - guard(s)
gusano(s) - worm(s)
(le) gustaba - it was pleasing to him/her (s/he liked)
(me) gustaba - it was pleasing to me (I liked)
(me) gustaban - they were pleasing to me (I liked)
(les) gustaban - they were pleasing to them (they liked)

H

(La) Habana - Havana
había - there was; there were
habíamos - we had
habían - they had
hablaba - s/he spoke
hablaban - they spoke
hablamos - we spoke
hablando - speaking
hablar - to speak, talk
(que) hablara - (that) he speak
hablarme - to speak to me
hablaron - they spoke
hablé - I spoke, talked

habló - s/he spoke, talked
habríamos muerto - we would have died
hacen - you are doing
hacer - to do; to make
hacia - toward
hambre - hunger
hay - there is, there are
hermana(s) - sister(s)
hermano(s) - brother(s)
héroe - hero
hija - daughter
hijo - son
hijos - sons; children
historia - history
hombre - man
hombres - men
hora(s) - hour(s); time
horrible(s) - horrible
hospital(es) - hospital(s)
hotel - hotel
hubo - there was

I

iba - s/he was going, went
íbamos - we were going, went
iban - they were going, went
idea(s) - idea(s)
idiota - idiot
iglesia - church
igual(es) - equal, same
importaba - it mattered
importaban - they mattered
importan - they matter
importante - important
imposible - impossible
incluyendo - including
indicaba - it indicated
industria - industry
industriales - industrial
inestable - unstable
informaba - s/he informed
informaban - they informed
informar - to inform
informaron - they informed
informé - I informed
informó - he informed
inglés - English
inmediatamente - immediately
insistí - I insisted
insistía - I, s/he insisted
insistían - they insisted
insistió - s/he insisted
insultaba - s/he insulted
insultaban - they insulted
insulto(s) - insult(s)
intenciones - intentions
intensamente - intensely
interceptó - s/he intercepted

internacionales - international

intolerable - intolerable

invisible - invisible

invitó - s/he invited

ir - to go

irnos - to leave

irse - to leave

isla - island

J

jóvenes - youth

(nos) juntamos - we joined

juntarse - to join

juntó - s/he joined

juntos - together

justicia - justice

justo - just, fair

K

kilómetro(s) - kilometer(s)

L

la - the; her

las - the; them

le - him; her

leer - to read

leí - I read

leía - I read

lengua - language

les - them

leyes - law

libertad - liberty, freedom

libre - free

limón - limon; lime

línea - line

llama - s/he calls

(se) llamaba - s/he was called

llamaban - they called

llamamos - we called

llamó - s/he called

llantas - tires

llegaban - they arrived

llegamos - we arrived

llegar - to arrive

llegaron - they arrived

llegó - it, she/he arrived

llegué - I arrived

llevaba - s/he wore

llevábamos - we took

llevar - to take, to wear

(que) llevara - that I take

llevarnos - to take us

llevaron - they took

llevas - you take

llevó - s/he took

lloraba - s/he cried

lloraban - they cried

lloró - s/he cried

lo - it; him

lógico - logical

los - the; them

M

madera - wood

madre - mother

maestra - teacher

maestros - teachers

mal - bad

malnutrición - malnutrition

mamá - mom

mañana - morning

mantener - to maintain

mapa - map

mar - sea

más - more

masiva - massive

materiales - materials

máximo - maximum

mayo - May

me - me

(cuatro y) media - (four and) half = 4:30

medicinas - medicine

médico(s) - medical

megáfono - megaphone

memoria - memory

mencioné - I mentioned

mes(es) - month(s)

metal - metal

mi(s) - my

mí - me

miedo - fear

miembro(s) - member(s)

mil(es) - thousand(s)

militar(es) - military; soldier(s)

minutos - minutes

miramos - we looked

miré - I looked

miren - you look

miserable(s) - miserable

miseria - misery

misión - mission

momento - moment

montañas - mountains

morían - they died

morir - to die

motor - motor

mucha - much, a lot

muchacha(s) - girl(s)

muchacho(s) - boy(s)

muchas - many

mucho - much, a lot

muchos - many

(habían) muerto - they had died

(habíamos) muerto - we had died

(habríamos) muerto - we would have died

mulas - mules

multitud - multitude

murieron - they died
murió - s/he died
muy - very

N

nadie - nobody
navegaba - it, she/he sailed
navegaban - they sailed
navegamos - we sailed
navegaron - they sailed
Navidad - Christmas
necesario - necessary
necesitaba - I, s/he needed
necesitamos - we need
negativo - negative
nervioso(s) - nervous
ni - nor
niño(s) - child(ren)
no - no
noche(s) - night(s)
normal - normal
normalizar - to normalize
normalmente - normally
nos - us
nosotros - we
notaron - they noticed
novecientos - nine hundred
noventa - ninety
noviembre - November
nuestra(s) - our
nuestro(s) - our
nueva - new
nueve - nine
nuevo - new
número - number
nunca - never

O

observaba - s/he observed
observaban - they observed
observé - I observed
observó - s/he observed
obvio - obvious
océano - ocean
ochenta - eighty
ocho - eight
ochocientas - eight hundred
octubre - October
ocurrió - it occurred
ofendía - s/he offended
ofensivos - offensive
oficial(es) - official
oficina - office
ofrecía - s/he offered
opción(es) - option(s)
opinión - opinion
oportunidad - opportunity
oportunidades - opportunities
opresión - oppression
órdenes - orders

organizó - s/he organized
otra(s) - other, another
otra vez - again
otro(s) - other, another

P

Pacífico - Pacific
padre - father
padres - parents
país - country
pánico - panic
para - for; in order
parte - part
participé - I participated
particular - particular
pasaba - I passed; I spent
pasado - past
(habían) pasado - they had passed
pasamos - we spent
pasando - spending; happening
pasar - to spend
pasaron - they passed
pasé - I spent
pasó - s/he spent, it passed
pegaban - they hit
pegándole - hitting him
pegó - s/he hit
pegué - I hit
peleaba - I fought
peleando - fighting
pelear - to fight
peligrosas - dangerous
peligroso - dangerous
pensaba - I thought
pensábamos - we thought
pensaban - they thought
pensando - thinking
pensé - I thought
pequeña - small
pequeño(s) - small
perdonar - to pardon
perfecto - perfect
período - period
permiso - permission
permite - s/he permits
permitía - s/he permitted
permitían - they permitted
permitieron - they permitted
permitió - s/he permitted
permitir - to permit
pero - but
persona - person
personas - people
petróleo - petroleum
pistola - pistol
plan - plan
planeábamos - we planned
plantaciones - plantations
plátano - banana

playa(s) - beach(es)
plaza - plaza
plomero - plumber
pobre(s) - poor; poor people
poca(s) - few
poco - little
pocos - few
podemos - we are able
poder - to be able
podía - I, s/he was able
podíamos - we were able
podían - they were able
policía - police
policías - police officers
política(s) - politics
políticos - politicians
por - for; by
por fin - at last, finally
porque - because
posibilidad - possibility
posibilidades - possibilities
posible - possible
posiblemente - possibly
positivo - positive
prácticas - practices
precauciones - precautions
prefería - I, s/he preferred
preferían - they preferred
prefieres - you prefer
prefiero - I prefer
prefirió - s/he preferred
preguntaba - I, s/he asked
preguntamos - we asked
pregunté - I asked
preparados - prepared
preparó - s/he prepared
presentó - s/he presented
preservar - to preserve
presidente - president
primer - first
primera - first
primitivas - primitive
principal - principal
prisión(es) - prison(s)
prisionero(s) - prisoner(s)
privados - private
privilegios - privileges
problema(s) - problem(s)
proceso - process
producíamos - we produced
producto(s) - product(s)
prohibió - s/he prohibited
promesa - promise
prósperos - prosperous
protección - protection
protesta(s) - protest(s)
protestando - protesting
protestar - to protest
protestaron - they protested
provincia - province

provisiones - provisions
provocaban - they provoked
psicológicamente - psychologically
pude - I was able, could
(que) pudiera - (that) he be able, could
pudimos - we were able, could
pudo - s/he was able, could
pueblo - people
puede - s/he is able, can
pueden - they are able, can
puedo - I am able, can
puerto - port

Q

que - that
qué - what
queremos - we want
quería - I, s/he wanted; I loved
queríamos - we wanted
querían - they wanted
quien - who; whoever
quieran - they want
quiero - I want

R

raciones - rations
racismo - racism
rancho(s) - ranch
rápidamente - rapidly
reales - real
realidad - reality
realmente - really
rebeldes - rebels; rebellious
rebelión - rebellion
reciben - they receive
recibí - I received
recibía - I, s/he received
recibíamos - we received
recibieron - they received
recibimos - we received
recibió - s/he received
recibir - to receive
récord - record
recordar - to remember
recordé - I remembered
reformatorio - reformatory
refugiados - refugees
regresaba - I, s/he returned
regresamos - we returned
regresando - returning
regresar - to return
(que) regresáramos - (that) we return
regresé - I returned
relaciones - relations
religión - religion
religioso - religious
remamos - we rowed

remar - to row
remotas - remote
repetir - to repeat
reportaba - s/he reported
reportaban - they reported
reputación - reputation
resolver - to resolve
respetaban - they respected
respondí - I responded
respondió - s/he responded
resultado - result
resultó - it resulted, ended up
revelarle - to reveal to him/her
revelarles - to reveal to them
revolución - revolution
revoluciones - revolutions
revolucionaria - revolutionary
revolucionarios - revolutionary; revolucionaries
ricos - rich, rich people
robar - to rob
rocas - rocks
rumores - rumors
rural(es) - rural

S

saber - to know
sabes - you know
sabía - I, s/he knew
sabíamos - we knew
sabían - they knew
sacrificio(s) - sacrifice(s)
salario - salary
salí - I left
salía - I, s/he left
salían - they left
(que) saliera - (that) s/he leave
(que) salieran - (that) they leave
salieron - they left
salimos - we left
salió - s/he left
salir - to leave
sangre - blood
secreto - secret
secundaria - secondary school
seguirte - to follow you
seis - six
semana(s) - week(s)
sentencia - sentence
sentí - I felt
sentía - I, s/he felt
separaron - they separated

separarse - to separate
septiembre - September
ser - to be
sería - it, she/he would be
serio - serious
servicio - service
sesenta - sixty
setenta - seventy
shock - shock
si - if
sí - yes
siempre - always
Sierra Maestra - mountain range in southeast Cuba
siete - seven
silencio - silence
simple - simple
sin - without
sincera - sincere
Siria - Syria
sistema - system
situación - situation
sociales - social
solamente - solely, only
soldador - welder
soldados - soldiers
solitaria - solitary
solitario - solitary
solo - alone; only
solución - solution
soviéticos - Soviet
soy - I am
su(s) - his; her; their
súbanse - get in!
subí - I got in
subieron - they loaded, lifted
subimos - we got in, on
(se) subió - s/he got in
subir - to get in
subirnos - to get in, on
suficiente - sufficient
sufrió - s/he suffered
súper - super

T

tácticas - tactics
también - also
tarde - afternoon
te - you
techo - roof
tenemos - we have
tener - to have
(quien no) tenga - (whoever does not) have
tengo - I have
tenía - I, s/he had
teníamos - we had
tenían - they had
(había) tenido - (had) had
tensión - tension

(la) tercera (es la vencida) - the third time's the charm
terrible(s) - terrible
terroristas - terrorist
tiempo - time
tiene - s/he has
tienen - they have
tierra - land
tíos - uncles; aunts and uncles
tiramos - we threw
tiraron - they threw
tiré - I threw
toda(s) - all; everyone
todavía - still
todo(s) - all; everyone
toleraba - s/he tolerated, used to tolerate
tolerable - tolerable
tolerar - to tolerate
tomaba - I, s/he drank
tomamos - we took
tomando - drinking
tomar - to drink
tomé - I took
tomó - s/he took
total - total
trabajaba - I, s/he worked
trabajábamos - we worked
trabajadores - workers
trabajando - working
trabajar - to work
trabajé - I worked
trabajo - job, work; I work
trabajos - jobs
trampa - trap
tranquilo - tranquil, calm
transformado - transformed
(se) transformó en - it turned into
transportación - transportation
transporte - transport
trataba - I, s/he tried
tratando - trying
tratar - to try
trataron - they tried
traté - I tried
traumático - traumatic
trece - thirteen
treinta - thirty
tres - three
trescientos - three hundred
triste - sad
tristemente - sadly
tristeza - sadness
tu(s) - your
tú - you
turistas - tourists
tuve - I had
tuvimos - we had

tuvo - s/he had

U

última - ultimate, last

un - a; one

una - a; one

unas - some

unida - united

unidad - unit

Unión Soviética - Soviet Union

universidad - university

uno - one

unos - some

urgente - urgent

usaba - I, s/he used

usábamos - we used

usarlo - to use it

ustedes - you

V

va - s/he goes

vamos - we go; let´s go

van - you are going

(nunca) van - you are (never) going

van a poder - you are going to be able

varias - various, several

varios - various, several

vas - you are going

(que se) vaya - (that) s/he go

(que nos) vayamos - (that) we go

(que se) vayan - let them leave

veces - times

vegetación - vegetation

veinte - twenty

veinticinco - twenty-five

veintinueve - twenty-nine

veintisiete - twenty-seven

veintitrés - twenty-three

veintiuno - twenty-one

(la tercera es la) vencida - the third time's the charm

(que) venga - (that) it come

veo - I see

ver - to see

verla - to see her

vez - time

vi - I saw

victoria - victory

vida - life

vieron - they saw

vigilancia - vigilance

vimos - we saw

violencia - violence

visitaba - I, s/he visited

visitaban - they visited

visitar - to visit

visitarla - to visit her
vive - s/he lives
viven - they live
viví - I lived
vivía - I, s/he lived
vivíamos - we lived
vivían - they lived
vivimos - we lived
vivió - s/he lived
vivir - to live
voluntarios - volunteers
voy - I go
voz - voice

Y

ya - already
ya no - no longer
yo - I

Z

zapatos - shoes

Photo Credits

Batista Firing Squad, created in Cuba, now in Public Domain. Source: Museo de la Revolución, en La Habana, Cuba. It appeared in Life Magazine May 1, 1958.

La Coubre March, created in Cuba March 5, 1960, and now in Public Domain. Source: Museo Che Guevara (Centro de Estudios Che Guevara en La Habana, Cuba)

Hand painted mural Cuban flag, Che Guevara, Havana, Cuba Picyrl, Public Domain

Protestas Exodo de Mariel, Public Domain, originally registered in Argentina

Refugees in Mariel Port, Public Domain, taken by personnel of the U.S. Coast Guard

CDR logo, January 2018, Creative Commons CC0 1.0 Universal Public Domain Dedication by Sarang: https://commons.wikimedia.org/wiki/File:BCA_CDR_01c.jpg

Other photos provided by Public Domain repository, Meredith White, Elizabeth Colado, Reynaldo Gonzalez, Scott Cowitt, and Dionisio.

Turn to page 93 in the intermediate version to see additional photos.

To read a simplified version of this story, turn the book over and read from back cover.